uba by chance

uba by chanc

14살 연하 쿠바 남자와 결혼한 쿠바댁 린다의 좌충우돌 쿠바살이

어쩌다 쿠바

14살 연하 쿠바 남자와 결혼한 쿠바댁 린다의 좌충우돌 쿠바살이

어쩌다 쿠바

쿠
바
댁 린
다
지
음

푸른향기
Pureunbook Publishing Co.

어쩌다 쿠바

파리행 왕복 항공권을 구입했다. 유월, 보름 동안의 일정이었다. 이 계획은 그 전 해에 세워진 것이었다.

파리행을 예약한 지 사흘째 되던 밤이었다. 마치 하늘에서 메시지 같은 게 뚝 하고 떨어진 것처럼 내 귀에 환청이 들려왔다.

"쿠바를 가야 해…!"

쿠바?

그 전에 나는 멕시코에도 살았고, 미국 마이애미에서도 몇 개월을 살았는데, 한 뼘 바다 건너 쿠바를 여행하지 못했다. 가보지 못한 곳에 대한 응어리진 마음일까! 아니면 57년 동안 통치했던 피델 카스트로가 죽고, 쿠바는 변할 거니까, 그 전에 다녀와야겠다는 생각이 들었던 걸까? 정확한 이유는 알 수 없었는데 귀에서는 계속 소리가 들려왔다.

"쿠바를 가야 해…!"

그것은 그리스로 떠나기 전 무라카미 하루키의 귀에 들렸던 먼 북소리 같은 것이었다. 그렇게 파리행 항공권을 예매하고 불과 3일 만에 무언가에 홀린 듯, 나는 쿠바행 왕복 항공권을 끊고야 말았다. 2017년 2월의 어느 밤이었다. 휴가를 7개월이나 앞두고 항공권을 예약한 적은 처음이었다. 6월의 파리에 이어 9월에 쿠바라니.

당시 나는 외국계 회사에서 팀장으로 근무하고 있었다. 회사의 흥미로운 조건 가운데 휴가를 개인별 계획에 맞출 수 있는 장점 때문에 나는 매년 나에게 주어진 두 번의 소중한 휴가를 만끽하기 위해서 미친 듯이 일을 했고, 시간은 빨리도 흘렀다.

드디어 가슴 벅찬 그 날, 트렁크 하나를 챙겨 미지의 쿠바로 떠났다. 7개월 전에 예매해 둔 항공권과 아바나 근교 어느 시골의 까사(숙소) 한 곳을 예약한 채 아무 준비도 없이 일하다 말고 장거리 항공기에 몸을 실었다. 그리고 쿠바에서 생의 다른 운명으로 건너가게 되었다. 그때! 내 인생이 지금처럼 바뀔 거라고는 감히 상상조차 하지 못했다. 당시 나는 지중해에 흠뻑 빠져 자칭 '지중해가 선택한 여인'이라고 말하고 다녔으니 말이다.

살아가는 일은 예측 불가능한 신비의 연속이다. 이 흥미롭고 가치 있는 내 작은 인생의 한 페이지를 독자분들과 함께 웃으며 넘기고 싶다.

Contents

Chapter 3
쿠바에 살아요

Chapter 4
쿠바는 지금

Chapter 1

지구 반대편에서 만난
내 운명

너는 내 운명

날씨가 아주 청명한 시월의 어느 토요일이었다.

오후 5시 10분. 서울 도봉산 아래 한 야외 정원에서 까만 피부의 젊고 건장한 외국인 남자가 사회자의 "신랑 입장" 안내에 맞춰 함박꽃 치아를 드러내고 보폭 좋은 걸음으로 입장하였다.

잠시 후 순백의 드레스를 입은 신부가 「밥 잘 사 주는 예쁜 누나」의 OST였던 카를라 부르니의 '스탠드 바이 유어 맨'에 맞춰 천천히 입장을 하다가 중간에 멈춰 섰다. 그러자 저만치 서 있던 신랑이 천천히 신부에게 다가왔고, 무릎을 꿇더니 정성스럽게 부케를 주면서 말했다.

"내 아내가 되어 주겠어요?"

"…네."

신부는 대답했고, 신랑은 일어나 신부에게 입맞춤했다. 하객들의 환호
와 박수를 받으며 둘은 부부가 되었다.

어릴 때부터 결심한 것이 있었다.

결혼이라는 것을 언제 할지는 모르겠지만, 그 성스러운 의식을 치른
다면 절대 복잡한 결혼식장에서는 하지 않겠다고. 감성이 이성을 앞서
던 어린 시절에도 결혼이라는 것에 대해서만은 아주 신중해서 '내가 사
랑하고 내 미래를 걸어도 아깝지 않은 남자가 아니면 연애만 해야겠다.'
라는 마음으로 살아오다 보니 시간이 훌쩍 지나버렸다. 나의 친구들 대부
분은 학부형이 되어 있었고, 대학생 딸을 가진 친구도 있었다. (쿠바에 오
니 내 나이면 할머니였다.) 그런 내가 결혼을 하니 주위의 많은 싱글인 동
생들이 물었다.

"언니, 정말 축하해요. 그런데 저는 언제 제 짝을 만나서 결혼할 수 있
을까요?"

그러면 내 대답은 한결같았다.

"언니를 봐. 언니는 이 나이에 결혼하잖니? 너는 아직 언니보다 어리니
까 걱정하지 말고 할 일 잘하면서 인생을 즐겨. 그러다 보면 너만의 인연
을 만나게 될 거야."

동생들에게 이렇게 얘기를 하면서 나의 늦은(좀 많이!) 결혼이 아직 짝
을 만나지 못한 싱글 동생들에게 희망의 메시지를 주는 것 같아 살짝 기
쁘기도 했다.

누구에게나 자기의 '짝'이 있다고 나는 믿는다.

단, 그 짝을 언제 어디에서 어떻게 만날지는 아무도 모른다는 거다. '애를 써도 안 되는 게 있다'라는 것도 살면서 알게 된 사실이다. 일이나 공부는 노력하면 그만큼의 결과를 얻을 수가 있지만, 인생의 반려자를 만나는 일은 노력으로만 되는 게 아니다. 언제가 될지 모르는 '그때'를 기다리는 답답하고 힘든 시간을 견뎌야 한다.

남자와 여자, 그 심리는 묘해서 애쓴다고 되는 것이 아니다. 그렇다고 노력을 하지 말라는 것도 아니다. 인연이 아닌 이성에게 잘 보이려고 노력을 하는 시간에 나를 위한 투자를 하는 게 훨씬 나은 결과를 가져올 것이다. 내가 멋진 사람이면 멋진 짝을 만날 확률이 높은 건 명징한 사실이니까!

다시 결혼식으로 돌아가자.

오후 5시가 조금 넘어 시작한 결혼식은(오후 3시부터 온 하객도 있었다) 밤 10시가 되어 마무리되었고, 몇몇은 새벽 1시까지 신랑 신부와 함께 와인 잔을 기울이며 알뜰하게 즐겼다. 아름다운 정원에서의 결혼식은 날씨부터 피로연까지 신경 쓸 게 생각보다 많았다.

처음에는 스몰웨딩으로 산뜻하게 할 생각이어서 내가 할 수 없는 것만 업체에 맡기고 식순부터 음악, 와인, 샴페인, 웨딩드레스, 헤어, 메이크업, 소품 등 내가 하나씩 따로따로 준비하고 있었는데, 막상 해 보니 스몰웨딩이 쉽지 않다는 걸 깨닫게 되었다. 결국 결혼식 일주일을 앞두고 테이블 데코와 몇 가지를 업체에 더 맡기게 되었고, 그 결과 모든 게 성공리에 잘 진행되었다.

　무엇보다 감사했던 것은 결혼식 장소도, 사회자도, 사진도, 축사도, 축가도, 마지막 피날레 장미꽃도, 게다가 웨딩카까지 모두 지인들의 도움으로 이루어졌다는 것이다. 덕분에 결혼식 시작부터 마무리까지 하객들과 하나 되어 늦게까지 신나게 즐길 수 있었다. 아름다운 장소에서 내가 좋아하는 사람들로부터 꽃비가 쏟아지듯 축복받은, 영화 같은 결혼식을 한 그날 아쉬운 게 딱 하나가 있었다.

　바로 신랑인 조단의 가족이 한 명도 참석하지 않았다는 것이다. 하나뿐인 귀한 아들의 결혼식에 왜 단 한 명의 가족도 올 수가 없었던 것일까?

왜 하필 쿠바 남자야?

내 남편인 조단 푸엔떼스(이하 '조단')는 열네 살 연하의 쿠바인이다.

전 세계에 몇 안 남은 사회주의 국가인 쿠바는 대한민국과 수교가 맺어지지 않은 나라여서(북한과 수교가 되어 있다) 대한민국에는 쿠바 대사관이, 쿠바에는 대한민국 대사관이 없다. 그래서 쿠바인이 대한민국에 오기위해 비자를 받으려면 모든 절차가 복잡하고, 시간도 오래 걸린다.

그뿐만이 아니다. 쿠바와 수교를 맺은 나라가 많지 않다 보니 항공에도 한계가 있다. 내가 쿠바에 갈 때 주로 이용하던 캐나다 항공은 단 3시간 동안의 경유를 위해서 캐나다 공항에 머무는데도, 쿠바인의 경우 비자를 따로 받아야 했다. 그런데 비자를 받는 게 하늘의 별 따기만큼 힘들다는 것을 나중에 알게 되어, 예매해 둔 캐나다 항공을 취소하고 러시아 국적의 아에로플로트 항공으로 급하게 변경하게 되었다. 러시아는 쿠바인이 무비자로 입국할 수 있는 몇 안 되는 나라여서 아에로플로트 러시아 항공만이 다른 나라 비자가 없는 쿠바인이 한국에 오기 위해서 유일하게 이용할 수 있었다. 이렇게 힘든 조건임에도 불구하고 조단을 한국에 초대

한 데에는 이유가 있었다.

쿠바에서 2주간의 휴가를 마치고 한국에 돌아오자마자 바쁜 회사 생활에 정신이 없었다. 인터넷 환경이 열악한 쿠바에서 힘들게 인터넷을 연결해서 연락하는데도 내가 바빠서 통화할 수 없다며 바로 전화를 끊어도 그는 서운해하지 않고 이해하면서 꾸준히 연락을 주었다. 시간이 지나면서 그가 보인 정성에 내 마음이 조금씩 열리기 시작했다. 그리고 말도 안 되

게 쿠바 여행을 다녀온 지 일주일이 되던 날 전혀 계획에 없던 퇴사를 결정하였고, 2개월 후 십여 년을 다닌 회사를 내 발로 걸어 나왔다.

퇴사 후 나는 혼자 몰디브의 로컬 섬에 가서, 17일간 알코올도 없이(이슬람 국가여서 리조트 이외에는 알코올 판매가 금지다) 낮에는 바닷가에서, 밤에는 호텔 숙소에서 책을 읽으면서 천국에 온 기분으로 퇴사 후의 첫 휴식을 맘껏 즐겼다. 그리고 한국에 돌아와서 두 개의 트렁크에 짐을 가득 실어 쿠바에 갔다.

내 마음을 움직인 그를 다시 만나러!

두 달 동안 쿠바에서 함께 여행하고 생활하며 지내보니, 이 남자는 내가 생각했던 것보다 책임감이 강하고 성실하며 마음이 깊고 따뜻한 사람이었다. 지적인 매력이 있었고, 운동선수 출신답게 인내심도 강했다. 나이에 비해 아주 성숙하여 어떨 때는 오빠 같았고, 책임감이 강해서 듬직하기까지 했다. 많은 장점에도 불구하고 신체 나이가 나보다 훨씬 어리고, 경제적인 면에서 내가 책임을 져야 하는 부분이 몹시 커서 쉽사리 '이 남자랑 살아야겠다.'고 결정하지 못했다. 몇 번을 고민하고 또 고민했다.

내가 지금까지 살아오면서 소울메이트라는 생각이 든 사람이 있었던가?

'이 남자는 내가 늘 원하던 정신도 신체도 건강한 사람이고, 눈만 봐도 잘 통해서 둘이 얘기를 하면 시간 가는 줄 모르는 데다가, 예의도 바르고 불쌍한 사람을 보면 돕고 싶어 하는, 참 따뜻한 마음을 가진 사람이야. 아, 정말 다 마음에 드는데, 경제력이 너무 없네. 이걸 내가 과연 받아들이고 감당할 수 있을까?'

경제력이 없는 남자는 20년 만에 처음이라, 내가 재벌이 아닌 이상 고민하지 않을 수가 없는 부분이었다. 그런 와중에 문득 한 생각이 들었다.

'조단은 아직 젊고 똑똑하니까, 같이 힘을 합쳐서 일하면 설마 굶어 죽기야 하겠어? 돈이라는 건 있다가도 없고 없다가도 있는 건데, 이런 보석 같은 사람은 다시 찾기가 힘들 것 같아.'

그러고 나서 나는 조단을 한국에 초대해야겠다는 결정을 내렸다.

생애 첫 여권

조단을 한국에 초대해야겠다고 마음먹은 다음 날 그에게 물었다.

"자기, 외국에 가 본 적 있어?"

"아니, 없는데?"

"그럼 여권은 있어?"

"아니, 없는데….."

태어나서 단 한 번도 쿠바 밖을 나가보지 않은 조단에게 여권이 없는 것은 아주 당연한 일이었다. 나는 조단에게 한국에 가려면 여권이 있어야 하니 먼저 여권부터 만들자고 말하고는, 필요한 서류를 확인하기 위해서 아바나 출입국 사무실을 방문했다.

자본주의 세상에서는 스마트폰만 있으면 모든 정보를 금세 찾을 수 있지만, 쿠바는 아직 아날로그 세상이어서 필요한 정보가 있으면 직접 해당 장소를 방문해서 내 순서를 기다린 후 정보를 얻어야 하는 게 일반적이었다.

아바나 출입국 사무실에 처음으로 가보았는데, 1959년 혁명 전에 지어진 쿠바의 여느 건물들처럼 시설이 아주 낙후해서 대기실에 에어컨은커녕 선풍기도 없었다. 다행히 사무실 안에는 선풍기가 있어서 심사관들은 그나마 선풍기 바람을 쐬면서 일하고 있었지만, 그곳의 더위는 선풍기로 해결될 수 있는 게 아니었다.

처음 간 곳이라 여기저기 찬찬히 살펴보았더니 대기실 한쪽 벽에 금지 사항에 대한 표지가 있었다. 그 대상은 담배, 술, 휴대폰, 개(동물)였고, 소매 없는 셔츠, 숏팬츠, 그리고 슬리퍼 차림으로는 사무실 안에 못 들어간다고 적혀 있었다. 그 사실을 모르고 하필 그날 나는 숏팬츠 차림이었고, 대기실에 앉은 지 1분도 못 되어 바로 쫓겨났다.

어쩔 수 없이 대기실 밖에서 기다리는 동안, 조단은 여권 만드는 데 필요한 정보를 구할 수 있었다. 그 필요한 정보라는 게 고작 여권용 사진이랑 신청비 100쿡(12만 원)이었다. 쿠바에서 여권을 만들려면 무려 100쿡이나 필요하니(예전에는 훨씬 비쌌다고 한다) 월급이 3~4만 원인 쿠바인들에게 '여권을 만드는 일'은 어쩌면 대단한 일일 수도 있겠다는 생각이 들었다. 그래서인지 여권을 신청하는 날 조단은 몹시 긴장했고, 여권을 받고 나서야 비로소 그 긴장이 풀렸다. 여권을 신청할 때 담당자가 보름 정도 소요된다고 했는데, 운 좋게도 그전에 여권이 발급되었다.

여권을 처음 손에 쥐게 된 날, 조단의 얼굴은 마치 함박꽃이 핀 것처럼 기쁨으로 가득 차 파란색 커버의 여권을 요리보고 저리 보았다. '평생 처음 가져본 여권이니 얼마나 소중할까?'라는 생각이 들어 내 여권에 씌워져 있던 비닐 커버를 벗겨 그의 여권에 씌워주었다. 그는 연신 고맙다며 너무나도 좋아했다. 이제 이 여권으로 쿠바 밖에 있는 다른 세상을 경험할 수 있을 거라는 생각에 속으로 엄청나게 기뻤을 테다.

여권을 만들었으니 한국에 가기 위한 첫 번째 문은 열린 것이다.

또 하나의 산, 비자 받기

다음 단계는 여권 만들기보다 훨씬 어려운 단계인 '비자 받기'였다.

비자 서류는 대부분 원본이 필요하다. 일단 내가 한국으로 돌아가면 조단의 서류를 항공으로 받기가 쉽지 않으니 쿠바에 있을 때 최대한 비자서류를 모두 준비해서 가지고 가야겠다는 생각이 들어 인터넷에 연결해 정보를 수집하기 시작했다.

지금까지 쿠바인이 한국에 관광비자로 들어온 정보가 없다고 하여 학생비자를 받아야겠다는 결정을 했고, 학생비자를 받으려면 비자를 지원해주는 대학교 언어교육원 서류부터 통과해야 했다. 필요서류 중에 대학교 졸업증명서와 성적증명서가 있어서 그것들을 발급받기 위해 조단이 졸업한 대학교에 함께 방문했다. 조단은 핸드볼 선수에 코치 출신이라 한국체대와 같은 국립 정규 체육대학교를 졸업하였다.

햇볕이 머리 위로 쨍쨍 내리쬐는 날 우리는 시내버스에서 내려 땡볕에 한참을 걸은 후 학교에 도착했다. 날씨와 상관없이, 그리고 시설과도 상관없이, 젊은이들의 활기찬 에너지가 더위에 지친 나에게 다시 힘을 북돋아 주는 듯했다.

서류를 발급받기 위해 사무실에 가는 도중, 조단이 누군가와 반갑게 포옹하며 인사를 했다. 조단을 가르친 교수님이자 전 국가대표 핸드볼 선수였던 조단의 아버지와 함께 운동하신 아버님의 친한 친구분이라고 소개했다. 조단이 학교를 졸업하고 처음 만났으니 아주 오랜만이라 두 사람은 할 말이 많은 듯 이런저런 대화를 나누었다. 대화 도중 자연스레 조단이 교수님께 여쭤봤다.

"교수님, 졸업증명서와 성적증명서가 필요한데 어디에서 발급받을 수 있을까요?"

"어디에 쓰려고?"

"한국에 가는 비자를 신청하기 위해서 필요해요."

"아, 외국 가는 데 필요한 서류를 신청하면 서류 상관없이 무조건 장당 200쿡(24만 원)을 받아. 나도 그래서 지난번에 서류를 못했어."

"네? 장당 200쿡이요?"

"......"

쿠바는 외국 혹은 외국인과 관계있는 모든 서류는 아주 비싸서 상상을 초월한다. 인터넷에서 오백 원이나 천 원만 납부하면 영문으로 바로 출력이 되어 군이 졸업한 학교에 찾아가지 않아도 증명서가 발급되는 대한민국과 달라도 너무 다르다. 결국 우리는 졸업증명서와 성적증명서 발급받는 것을 포기해야 했다.

날도 더운데 말도 안 되는 얘기를 듣고 내가 힘들어하자, 학교에서 바로 나를 집에 데려다 놓고 조단은 엄마 집에 다녀오겠다며 나갔다. 잠시 후 돌아와, 집에 고이 보관해 두었던 표창장 같은 큼지막한 졸업장과 성적증명서 원본을 가지고 와서 나에게 보여주었다. 당시 조단이 다녔던 대학교는 5년제라 성적증명서가 여러 장이었다. 만약 이 서류들을 모두 발급받았더라면 백만 원은 족히 넘었을 테다.

아무튼 이 서류들은 원본이니 서류 심사에 문제가 없을 듯했다. 한시름을 놓고는 나머지 필요서류도 모두 준비한 후 나는 혼자서 한국으로 돌아왔다.

한국에 돌아오자마자 조단의 학생비자 신청을 위해 해당 대학교 언어교육원에서 필요로 하는 서류들을 준비하고, 스페인어로 된 서류들을 영어 또는 한국어로 번역하며 분주한 나날들을 보냈다.

학생비자를 받으려면 최소 2학기(6개월)를 등록해야 하는데, 등록하려면 필요서류를 마감 날짜까지 제출한 후 합격통지를 기다려야 한다고 했다. 합격 발표가 나는 날, 하필이면 나는 런던행 비행기 안에 있을 예정이었다. 런던 숙소에 도착하자마자 인터넷으로 합격 여부를 확인하였더니 결과는 '합격'이었다. 한 단계는 넘겼다는 안도의 한숨이 절로 나왔다.

그런데 비자 신청을 하는 데 한 가지 큰 문제가 있었다.

영국으로 떠나기 전에 서울출입국사무소에 상담하러 갔더니 심사관이, "쿠바인의 경우 학생비자를 받으려면 반드시 해당 대학교 담당자가 모든 서류를 가지고 와서 직접 신청해야 합니다."라고 말한 것이었다.

담당자가 아닌 다른 교직원이 오는 것은 안 되냐고 물었더니 안 된다고 했다. 그럼 다른 비자로 입국할 수 있는 방법이 있냐고 끈질기게 물어보았더니, 출입국 기록을 한참 동안 확인한 후 심사관이 말했다.

"그동안 쿠바인이 관광비자로 한국에 들어온 경우는 하나도 없어요. 모두 기관이나 학교의 초청으로 들어왔어요. 지금 두 분은 법적인 관계가 없으셔서 스폰서도 안 되시기 때문에, 반드시 담당자가 오셔서 비자 신청을 하셔야 해요. 최근에 다른 학교 담당자도 쿠바 학생 비자를 신청하러 오셨으니, 이 학교도 학생이 조건만 되면 해주실 거예요."

하지만 이 학교는 달랐다.

"학생 비자를 받기 위해 필요한 학교 서류는 제공하되, 담당자가 출입국을 방문하는 것은 규정에 없는 일입니다. 비자는 학생이 알아서 받아야 하는 것이며, 지금까지 담당자가 학생의 비자 신청을 위해서 출입국에 간 적은 한 번도 없었습니다."

강력한 학교의 입장이었다. 나로서는 충분히 이해가 되는 부분이었다. 규정이라는 것은 한번 무너지면 되돌리기가 힘들다. 이해는 하지만 "네, 알겠습니다." 하고 순순히 받아들일 수만은 없는 노릇이었다. 그때부터 나는 목표를 달성하기 위해서 고민하기 시작했다. 유럽에서의 볼일을 마치고 한국에 도착하자마자 해당 대학교를 방문했다. 약속도 없이 방문했더니 담당자가 출장 중이어서 일단 상황 파악만 하고 돌아왔다. 며칠 후 담당자가 사무실에 있다는 걸 확인 하자마자 곧바로 택시에 몸을 싣고 달려가서 그를 만났다.

담당자에게 나를 소개하고 이 일이 왜 중요한지, 무엇을 도와주면 되는

지에 대해서 상세히 설명한 다음 이야기를 나누던 중 그가 물어보았다.

"이렇게 힘든 일을 굳이 왜 하려고 하세요?"

"제 인생이 걸린 문제여서요. 저희는 결혼을 앞두고 있는데, 결혼하기 전에 사랑하는 사람이 사는 나라에 와서 문화도 경험하고 언어도 공부하면서 그 나라에 대해서 알아보는 게 당연한 일이잖아요. 그런데 쿠바인이어서 한국에 오려면 학생비자 외에는 방법이 없다고 해요. 제가 비자 전문가라 서류 준비는 다 해 드릴 테니, 출입국사무소에 동행만 해주시면 돼요. 제발 도와주세요!"

"음…. 제가 결정할 수 있는 일이 아니어서 한 번만 더 확인하고 연락드리겠습니다."

"그럼 몇 시까지 연락주실 수 있으세요?"

"5시까지 연락드리겠습니다."

그와 얘기를 마치고 걸어 나오는데, 왠지 기분이 좋았다. 도와줄 것 같은 예감이 들었다. 아니나 다를까, 오후 5시가 되니 한 통의 전화가 걸려왔다. 그였다. 떨리는 마음으로 전화를 받았더니 수화기 저편에서 조용한 목소리가 들렸다.

"도와드리기로 결정했습니다."

"정말 감사드립니다. 서류 준비되는 대로 다시 연락드리겠습니다."

얘기를 듣는 순간 너무 기뻤지만 침착하게 말하며 전화를 끊었다.

"얏호! 드디어 조단 비자를 진행할 수 있게 되었구나!"

이렇게 또 하나의 산을 넘었다.

내 사랑은 왜 이리도 힘든 거야?

    학교의 허락을 받았으니 이제 본격적인 학생비자 신청 준비에 들어갈 차례였다. 쿠바인이 한국에 오기 위해 학생비자를 발급받는 과정은 다음과 같다.

    먼저 서울출입국사무소를 방문해서 학생비자 신청을 위한 '사증 발급 번호'라는 것을 신청해야 한다. 약 3~4주 후에 '사증 발급번호'를 문자로 받으면(영문 알파벳과 숫자의 조합으로 된 번호) 쿠바 아바나에 있는 코트라에 방문해서 비자 발급신청서를 작성 후 비자 신청을 한다.

    한국 무역관인 코트라에서는 비자 서류 전달 역할을 하므로, 그곳에서 비자 신청을 하면 코트라 직원이 모든 서류를 컬러 스캔해서 멕시코 주재 한국 영사관에 보낸다. 그러면 멕시코 주재 한국 영사관에서는 학생비자를 발급 후 DHL을 통해 비자 스티커를 쿠바 주재 코트라로 보낸다. 비자가 도착하면 코트라에서 학생의 여권에 비자 스티커를 붙여준다. 비자 스티커가 붙은 여권을 가지고 한국에 입국하면 된다.

적고 보니 참 간단해 보인다. 하지만 실상은 그렇지 않다.

글로벌 회사 소속의 주재원 비자를 거의 십여 년 진행하면서, 비자 종류와 국적에 따라서 예외가 적용되어, 생각하지 못했던 복병이 나타나 비자 문제로 인해 한국에 도착하는 항공권을 바꿔야 하는 경우를 종종 목격했다. 세계적인 회사의 임원들 비자 진행도 그러한데, 하물며 한국과 수교도 맺어져 있지 않고, 테러 지원국으로 낙인이 찍힌 쿠바인의 비자라니 미주알고주알 설명하지 않아도 대충 짐작하실 테다.

조단의 학생비자를 진행하면서 별별 생각이 다 들었다.

'내 사랑은 왜 이리도 힘든 거야? 꼭 이 사랑을 해야만 하는 걸까?'

영어도 한국어도 잘 못하는 조단을 위해서 서류 번역은 기본이고, 해당 학교, 한국 출입국, 쿠바에 있는 코트라와 멕시코에 있는 한국 영사관에 연락해서 비자를 진행하는 것은 온전히 나의 몫이었다.

사실 해당 대학교에서 끝까지 원칙을 고수하며 출입국 동행을 도와주지 않았더라면, 조단은 한국에 오지 못했을 것이다. 그러면 우리는 한국에서 결혼을 못 했을 것이고, 지금과 같은 삶을 살고 있지 않았을지도 모른다. 그런 연유로, 담당자에게 두고두고 감사한 마음이다. 학교 서류를 준비하는 과정에서도 복병이 나타났지만, 그분이 침착하게 잘 도와주어서 무사히 사증 발급 신청을 마칠 수 있었다.

쿠바와 멕시코에서 비자가 진행되는 과정에서도 사소한 문제가 발생했지만, 멕시코 주재 한국 영사관 비자 담당 직원이 재빨리 도와주어 문제가 바로 해결이 되었다. 그 영사과 직원이 어찌나 일을 잘하던지 조단의 비자 문제 외에도 여러 번 나에게 감동을 주었다.

간절히 바라면 온 우주가 이루게 해준다더니 내가 예약해 놓은 항공권 출발 날짜 하루 전, 기적처럼 조단의 여권에 드디어! 단기 학생비자인 D-4-1 스티커가 떡하니 붙여졌다.

지난 몇 달 동안 숨 막히는 나날의 연속이었다.

비자를 받은 다음 날, 조단은 아에로플로트 항공에 몸을 실었다.

이제 만나러 갑니다

조단은 나를 배웅하고 맞이하기 위해 아바나에 있는 호세 마르티 국제
공항에 몇 번 와 보기는 했지만, 출입국 심사대를 거쳐 세관을 통과한 후
탑승구로 가는 건 이번이 처음이었다. 조단을 싣고 갈 아에로플로트 러시
아 항공은 아바나에서 탑승 후 모스크바까지 가는 데 11시간 35분이 소요
되고, 모스크바 공항에서 약 12시간을 대기한 후 다시 8시간 20분을 비행
해야 한국에 도착하는 일정이었다. 생애 첫 비행인데, 약 32시간 정도의
장시간이 소요되는 일정이라 조단도 나도 걱정이 많이 되었다.

쿠바인이라는 죄(?)로 항공기를 선택할 기회조차 없고, 그나마 한국으

로 올 수 있는 유일한 수단이 러시아 항공이어서 어쩔 수 없는 일정이었다. 러시아 항공조차 없었더라면, 비자를 받았어도 한국에 오기가 힘들었을 테니 하나라도 있는 것에 감사해야 했다.

조단의 항공권은 수하물 2개가 무료인데도 불구하고, 첫 비행이라 이것저것 신경 쓸 것도 많은 데다 내가 러시아 항공이 수하물 분실로 악명이 높다고 얘기하는 바람에, 겁에 질린 조단은 가방을 하나만 가져오겠다고 했다. 부족한 게 있으면 한국에서 구입할 수 있으니 그건 문제가 되지 않았다.

조단이 수하물 걱정을 하는 동안 나는 다른 걱정을 하고 있었다. 조단이 흑인이고 젊은 남성이다 보니, 테러 등의 이유로 출입국을 통과할 때 문제가 생기지는 않을까 하는 것이었다. 출입국 심사할 때 젊은 유색인종 남성들이 유독 시간 소요가 많이 되는 경우를 여러 번 보았기 때문이었다. 게다가 태어나서 처음으로 하는 해외여행인데다 영어도 익숙지 않아서 출입국에서 어려운 질문을 하면 당황할 가능성이 높을 테니 이런 걱정이 드는 건 나로서는 당연한 일이었다.

'숏다리인 나도 비행기 안에서 오래 앉아 있으면 온몸이 힘든데, 롱롱 다리를 가진(키가 193cm인데 다리가 유독 길다) 덩치 큰 남자가 이코노미 클래스에서 11시간 넘게 앉아 있으면 얼마나 힘들까?'

'비행기에서 내려서 다음 탑승구는 잘 찾아갈 수 있을까?'

'12시간 동안 모스크바 공항에서 혼자 있으면 무지 심심할 텐데….'

혼자서 별별 생각을 다 하며 나를 향해 날아오고 있는 조단을 맞이하기 위해 인천공항에 갔다. 그런데 도착시간이 꽤 지났는데도 조단이 보이지 않았다.

'사람들이 다 나온 것 같은데 대체 어디 있는 거야? 혹시 출입국에 잡혀 있는 거 아니야?'

걱정하며 두리번거리고 있을 때 전화 한 통이 걸려왔다. 인천 번호였다.

'아, 결국 출입국에 잡혔구나!'라는 생각을 하며 전화를 받았다.

"(긴장한 목소리로) 여보세요?"

"여보세요? 어떤 흑인 남성분이 이 번호로 전화를 좀 해 달라고 부탁하셔서 전화드렸습니다. OOO 가게 앞에 계십니다."

"(아주 반갑게) 아, 네 알겠습니다. 감사합니다!"

전화를 끊음과 동시에 쏜살같이 뛰어 남자가 알려준 가게 앞으로 가보니, 더운 날씨임에도 남방에 두꺼운 재킷을 입고 안경을 쓴 내 사랑이 함박꽃 치아를 드러내고 싱글벙글 웃으며 서 있었다.

올라, 미 아모르!

"올라, 미 아모르(안녕, 내 사랑)!"

헤어진 지 삼 개월 만에 우리는 쿠바가 아닌 내 나라 대한민국에서 재회하게 되었다.

"자기, 언제 나온 거야? 계속 찾았는데 없길래, 출입국에 잡힌 줄 알았어. 하하."

"아까 나왔는데 옆으로 나와서 다른 쪽에 있었나 봐. 자기, 한국 사람들 아주 친절해. 출입국 심사관도 웰컴 하고 웃으면서 도장을 쾅 찍어줬어."

"아 정말, 다행이네."

"근데 웃기는 일이 하나 있었어."

"어, 뭔데?"

"자기가 적어준 순서에 보면 비행기에서 내려서 기차 타는 게 없었는데, 사람들이 모두 비행기에서 내려서 한 곳으로 걸어가더니 기차를 타는 거야. 그런데 나는 순서에 없는 거라 다른 사람들이 기차를 다 탔는데도 혼자 기차 앞에 서 있었어. 그랬더니 사람들이 타야 한다고 해서 타긴 탔는데, 안 탔으면 혼자 낙동강 오리알이 될 뻔했어."

해외에 처음 나가는 조단을 위해 비행기 타는 법부터 공항에서 할 일, 그리고 비행기에서 내려 나를 만나기 전까지의 과정을 순서대로 상세히 적어 보냈는데, 내가 국적기 기준으로 작성하는 바람에 깜빡하고 환승 열차 타는 걸 빼먹었던 것이었다. 시키면 시키는 대로 하는 조단은 내가 적어준 순서에 환승열차 타는 게 없으니 타지 않고 가만히 서 있었는데 모든 사람이 타고 혼자만 덩그러니 남게 되자 뭔가 잘못됐다는 걸 감지하고 그제야 탄 것이었다. 우리는 깔깔깔 웃으면서 택시 승강장으로 갔다. 택시를 타자 조단이 내 손을 꼭 잡았다.

"자기, 처음으로 비행기 타보니 어땠어? 힘들진 않았어?"

"아니, 너무 재미있었어. 밥도 맛있게 잘 먹고, 비행기 이륙할 때도 아주 스릴 있었어. 그리고 친구도 생겼어. 모스크바에 도착해서 비행기에서 내려서 걸어가는데, 어떤 아저씨가 스페인어로 운동선수냐고 물어보는 거야. 그렇다고 하니까 자기는 세르비아 사람인데 쿠바 어린이들에게 공을 기부하고 세르비아로 돌아가는 길이라고 하더라고. 알고 보니 그 아저씨도 모스크바 공항에서 거의 11시간 정도 대기하는 일정이어서 둘이 같이 공항에 있으면서 얘기하느라 시간 가는 줄 몰랐어."

"아, 너무 잘됐네. 난 자기가 말도 안 통하는 모스크바 공항에서 혼자 심심할까 봐 걱정했는데."

"그리고 또 다른 쿠바 사람이 공항 밖에 나가서 맥주 한 잔 하자고 했는데, 혹시라도 일 생기면 안 될 것 같아서 나가지도 않고 맥주도 안 마시고 공항 레스토랑에서 간단히 음료수랑 밥만 먹었어."

"(머리를 쓰다듬어주며) 참 잘했어요!"

"근데 나 큰일 날 뻔했어. 시간보다 일찍 탑승구에 도착했는데, 탑승구

가 바뀐 걸 나중에서야 알고는 깜짝 놀라서 부랴부랴 새로운 탑승구를 찾아가느라 혼났지 뭐야. 하마터면 한국 못 올 뻔했어!"

이런저런 대화를 나누며 택시 창밖으로 보이는 한국의 풍경을 구경하다 보니 어느새 목적지에 도착했다. 택시에서 내려 아파트 현관 입구에서 공항에서 깜빡하고 못 한 기념촬영을 한 다음, 엘리베이터를 타고 12층을 눌렀다. 이렇게 높은 고층건물은 처음인지라, 12층에 도착하자 조단은 경치가 너무 멋지다며 한참 동안 밖을 내다보며 감탄했다. 그리고는 우리 집으로 가서 문을 열었다.

"비엔베니도스, 미 아모르(환영해요, 내 사랑)!"

"오! 자기, 화상통화 할 때 본 거 기억나. 자기 집 너무 예뻐!"

조단은 두꺼운 재킷을 벗어서 옆에 두고 소파에 앉았다.

"아, 이제 좀 살 것 같아!"

물 한 잔을 마시고 잠시 휴식을 취한 뒤 가방을 열어 뭔가를 꺼냈다.

"자기, 선물이야. 예뻐?"

활짝 웃으며 쿠바에서 사 온 아기자기한 기념품이랑 모스크바 공항에서 산 초콜릿 한 상자를 주었다.

"너무 예뻐. 감사합니다!"

덩치가 산 만 한 조단은 아주 섬세하고 작은 일 하나에도 정성을 다하는 스타일이라, 선물을 고르는 데에도 심혈을 기울였을 테다. 첫 비행이라 무척 긴장한 데다가 비행기 타기 전날에도 떨려서 잠을 한숨도 못 잤다고 한 조단은 내 침대에 잠시 머리를 대더니, 어느새 곤히 잠들어버렸다. 한참을 자고 일어난 조단에게 물어보았다.

"한국에 온 소감이 어때? 뭐가 제일 좋아?"

"한국 너무 좋아. 특히 초고층의 현대적인 건물들과 초록의 나무들이 조화를 이룬 게 참 인상적이야. 아바나에는 도심에 나무가 별로 없잖아."

나는 조단이 쿠바와는 너무나도 다른 한국의 발전된 모습을 보고 흥분할 줄 알았는데, 아주 차분하게 도심에 초록이 많아서 좋다는 대답을 하였다. 의외였다. 예전에는 아바나에도 나무가 많았는데 병충해가 돌아도 약이 없어서 많은 나무가 잘리고 또 죽어버렸다고 했다. 게다가 한 번씩 오면 싹쓸이를 해 버리는 허리케인의 영향도 단단히 한 몫 했고.

토요일 오후에 한국에 도착한 조단에게는 학교 갈 준비를 할 시간이 하루밖에 없었다. 월요일부터 학교에 가야 했기 때문이다. 그래서 실컷 자고 일어난 후 일요일 낮에 우리는 쇼핑을 하기 위해 첫 서울 나들이에 나섰다.

쇼핑은 명동이지

처음 와본 자본주의 세계에서 모든 게 새로운 조단은 설렘 반, 두려움 반의 마음으로 어린아이처럼 내 손을 꼭 붙잡았다. 첫 번째 목적지는 명 동이었다. 전철을 타고 명동 롯데백화점에 갔더니, 조단의 눈이 휘둥그레 졌다. 동영상으로만 보던 각종 명품 브랜드에, 엄청나게 많은 종류의 옷 과 가방이며 신발, 화장품 등 다양한 물건들이 화려한 인테리어를 한 커 다란 장소에 모여 진열된 것을 보고는 입을 다물지 못했다.

에스컬레이터를 타고 샘소나이트 매장으로 가서 조단에게 마음에 드는 가방이 있는지 살펴보라고 했다. 선물 받은 롯데백화점 상품권이 있어서 그걸로 조단에게 가방을 사줄 계획이었다. 그는 예상했던 대로 신중하게 가방을 하나씩 살펴본 다음 가장 마음에 드는 가방을 골랐다. 내 신용카드 혜택으로 공짜 커피도 마신 다음 내 친구를 만나러 갔다.

조단이 오면 일등으로 밥 사주고 싶다던 나의 절친과 우리 동네에 있는 유명한 식당에서 저녁 먹기로 했기 때문이었다. 약속 시간에 맞춰 도착하니, 친구가 미리 와서 대기자에 이름을 올려놓고 기다리고 있었다. 조단과 인사를 하고는 친구가 에코백 하나를 선물이라며 주었다. 친구는 세심하게도 학교에서 공부할 때 필요한 학용품들을 에코백 안에 종류별로 골고루 담아 준비하였다. 이제 조단은 가방도 학용품도 모두 준비가 되어 학교에 가서 공부만 하면 되었다.

우리 셋은 1차로 아주 맛난 오겹살에 김치찌개를 곁들여 맥주를 마셨고, 2차는 내가 즐겨 찾던 약수파전에 가서 김치전이랑 소주, 그리고 막걸리를 마셨다. 조단은 소주도 막걸리도 다 잘 마셨는데 소주가 좀 더 맛있다고 했다. 당시 난 소주를 못 마셔서 친구랑 조단이랑 둘이서 "짠"을 외치며 한 병을 가뿐히 끝내버렸다. 친구가 조단에게 소주병을 흔들어서 회오리를 만든 후 오픈하는 법을 알려주었더니 재밌다며 금세 따라 했다.

평소에 까칠하던 약수파전 사장님이 이십 년 동안 같은 장소에서 장사하면서 외국 사람들을 많이 봤는데, 이렇게 잘생긴 외국인은 처음이라고 (사실 그 정도는 아닌데 사장님 개인 취향이신 듯) 하며 서비스 안주까지 주셨다. 그 후로 조단은 약수파전 앞을 지날 때면 꼬박꼬박 "안녕하세요!"라고 하며 사장님과 인사하는 사이가 되었다. 나중에 이곳은 우리의 송별회 장소 중 하나가 되기도 했다. (그랬던 약수파전이 코로나19로 사라져 버린 걸 알고는 얼마나 슬펐던지….)

　다음날이 대망의 첫 수업이라 우리는 소주 한 병, 막걸리 한 병만 마신 다음 기분 좋게 헤어졌다. 친구에게 선물도 받고 맛난 음식에 술까지 마시고는 가벼워진 발걸음으로 집을 향해 내 사랑 조단과 함께 마냥 행복하게 걸었다.

첫 등교 하는 날

드디어 월요일. 쿠바를 벗어나 한국이라는 나라에서 학생이 되어 학교에 가는 첫날이 되었다.

잔뜩 긴장한 조단은 간밤에 자는 둥 마는 둥 잠을 설치고는 6시도 안 되어 일어났다. 여유롭게 백수 생활을 하던 나는 아침 일찍 눈 뜨는 게 쉽지 않아 침대에서 조금 더 뒹굴거리다가 일어나 보니, 눈만 뜨면 배가 고픈 조단이 내가 사둔 도넛을 먹고 있었다. 단 걸 좋아하는 조단을 위해 한국에 도착하기 전날 사다 두었던 크리스피 크림 도넛이었다.

일반적으로 커플의 외출 준비 시간을 보면 여자가 남자보다 준비하는

데 더 많은 시간을 사용한다. 하지만 우리 커플은 반대다. 조단과 내가 외출하게 되면, 특별한 경우를 제외하고 나는 조단이 한참 준비를 하고 있는 중간 즈음에 외출 준비를 시작해서 삼십 분 만에 준비를 끝낸다. 그리고는 다른 일을 하면서 조단을 기다린다.

반면에 조단은 내가 볼 때 안 빗어도 될만한 짧은 머리임에도 불구하고 무척이나 정성스레 머리를 빗으며 다듬고, 귀찮아서 구겨진 옷을 그냥 입는 나와는 달리 옷이 구겨져 있으면 빳빳하게 다림질해서 주름을 편 후에 입는다. 옷과 신발의 깔맞춤은 기본이라 각각 두 개씩 있는 시계와 목걸이도 그날의 스타일에 맞추어 바꿔가며 착용한다. 벨트도 마찬가지다. 옷도 신발도 많지는 않지만, 상황에 맞춰 단정하게 입는 습관은 돌아가신 외할아버지께 배웠다고 했다.

쿠바에 와 보면 길거리에 옷을 대충 입은 사람들이 많은데, 예전에 쿠바인들은 패셔니스타처럼 옷을 잘 차려입었다고 한다. 그때에는 사람들이 장소와 상황에 맞춰 옷을 정갈하게 입었는데, 90년대 들어와 먹고 살기가 힘들어지면서 이런 게 무너져 버렸다고. 외할아버지를 무척이나 좋아하고 따랐던 조단은 어릴 적 외할아버지와 함께 살면서, 멋쟁이 할아버지에게서 배운 걸 지금도 그대로 실천한다. 하물며 이 더운 나라에서 밖에 나갈 때 샌들이나 슬리퍼(쪼리)같이 발가락이 보이는 신발을 신고 나가는 것을 한 번도 본 적이 없다.

조단은 발이 너무 커서(310cm) 맞는 신발도 거의 없을 뿐만 아니라, 제일 큰 치수를 신어도 여유 공간 하나 없이 발에 딱 맞아 발가락을 구겨 넣다 보니 엄지발가락이 많이 휘어져 있었다. 그런 상태에서 깔맞춤 신발을 신으니 당연히 발이 아프고, 많이 걷고 나면 통증을 호소하길래 그러지 말라고 해 보았지만, 지금까지도 패션을 포기하지 못하고 있다. 실용적인 스타일을 좋아하는 나는 특별한 경우를 제외하고는 무조건 발 편한 신발에 활동하기 좋은 옷을 입는 편이다. 그러니 금방 준비할 수밖에.

전날 구매한 반질반질한 샘소나이트 서류 가방에 친구에게서 선물 받은 학용품을 잘 챙겨 넣었다. 그리고 깔끔히 다려진 셔츠에 쿠바에서 가져온, 올드 스타일의 재킷을 걸쳤다. 신발은 청바지 컬러에 맞춰 하늘색이었다.

멋지게 차려입은 조단의 손을 잡고 전철역으로 걸어갔다. 아파트 주민들이 조단과 나를 이상하게 쳐다보았지만, 그런 건 무시하고 생글생글 웃으며 사뿐히 걸었다. 아무래도 조단이 키도 크고 학다리인데다, 피부 색

 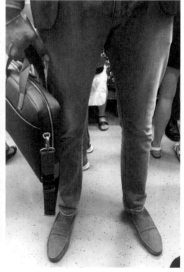

깔도 확연히 다르니 눈에 띌 수밖에 없었을 것이다. 이런 것쯤이야 충분히 각오했던지라 아무렇지도 않았다.

우리 집에서 조단이 6개월 동안 어학연수 할 대학교까지는 대중교통으로 약 40~50분 정도가 소요되는데, 두 번의 전철과 한 번의 마을버스를 갈아타야 하는, 난이도가 꽤나 높은 코스였다.

월요일 아침이라 전철에 사람들이 많았다. 잠시 후 내 앞에 빈자리가 생겨 나는 자리에 앉았고, 조단은 내 앞에 서 있었다. 조단을 보니 몹시 긴장한 모습이었다. 말을 시켜도 대답을 잘 하지 않았고, 농담을 건네도 웃기는커녕 조금 얼어 있는 듯한 표정이었다. 이유를 물었더니 전철은 밖이 깜깜해서 풍경을 볼 수가 없으니 답답해서 힘들다고 했다.

쿠바의 대중교통 수단으로는 버스, 콜렉티보 택시(합승택시), 고급 택시, 까미온(트럭), 마차, 기차, 자전거 택시, 코코 택시 등이 있는데, 이 탈 것들은 모두 지상에서 움직이는 것들이라 바깥 풍경이 시원하게 보인다. 그래서 두어 번만 타다 보면 내릴 곳을 알게 된다. 반면에 전철은 주로 지하로 다니다 보니, 바깥 풍경이 보이지 않고 깜깜해서(야외 구간도 있지만) 안내방송과 노선표에 의존해야 한다. 언어뿐 아니라 문명 세계에 익숙지 않은 조단에게는 전철이 답답함을 넘어서 무섭기까지 했을 것이다. 게다가 전철역에 사람들은 얼마나 많은가!

전철을 타는 그 자체도 힘든데 환승까지 해야 했으니, 이 모든 과정이 조단에게는 힘든 산이었다. 그동안 내가 만났던 외국인들은 모두 문명 세계에서 태어나고 자란 사람들이라 전철을 타는 게 전혀 문제가 되지 않았다. 오히려 한국 전철은 편리한데다 요금도 저렴하다며 다들 좋아했다. 그런 사람들만 보았던 나는 조단이 전철을 싫어할 거라고는 생각도 못 했는데, 얘기를 듣고 보니 충분히 공감되었다.

전철을 한 번 환승한 후, 지하에서 올라와 조단이 좋아하는 햇살이 비치는 바깥세상을 만났다. 그리고는 우리가 타야 할 마을버스 번호를 찾아 줄을 섰다. 마을버스에는 사람이 아주 많았다. 조단이 한국에 오기 전 비자 문제로 학교를 여러 번 방문했던 나는 어디에 내려야 하는지 잘 알고 있어서 실수하지 않고 정확한 장소에 하차했다. 우리는 다시 손을 잡고 조단이 공부하게 될 건물을 향해 걸어갔다. 외국 학생들이 조금씩 보였다. 해당 건물에 도착해서 1층 사무실로 갔다. 조단의 비자 진행에 결정적인 역할을 한 담당자에게 인사를 하기 위함이었다.

"안녕하세요, 담당자님. 제 남자 친구 조단이에요. 자기야, 인사해!"

"안녕하세요!"

조단이 활짝 웃으며 인사를 했고, 담당자는 멋쩍은 웃음으로 조단을 반겨 주었다.

"담당자님, 시간 되실 때 조단이랑 셋이서 식사 한번 해요."

(이렇게 말씀드려 놓고는 나의 게으름 탓에 결국 식사 자리를 만들지 못하고 쿠바로 오게 되어 지금까지 담당자께 죄송한 마음이 남아있다.)

사무실에서 나와 조단과 교실을 확인 후, 다른 학생들의 도움을 받아 교재를 구매하고 다시 교실로 올라갔다. 모든 준비를 마친 조단은 잠시 뒤 만날 것을 약속하고 교실로 들어갔다. 나는 건물 앞에 있는 카페에 가서 카푸치노 한 잔을 시키고 준비해 온 책을 폈다. 집에 갔다가 다시 오는 건 무리여서 카페에서 책을 읽으면서 조단을 기다릴 참이었다. 한참 책을 읽고 있는데 쉬는 시간이 되었는지 갑자기 학생들이 우르르 카페로 몰려왔다. 그리고 잠시 후 나의 사랑 함박꽃 남자 조단이 들어왔다.

한국어는 너무 어려워요

"안녕 자기, 수업은 어때? 할 만해?"

내 질문에 싱글벙글하던 얼굴이 살짝 접어지면서 대답했다.

"응, 뭐 그냥… (힘없이) 괜찮아."

쉬는 시간이 짧아서 얼른 커피 한 잔을 마시고 조단은 다시 교실로 돌아갔다. 첫날 수업이 무사히 끝났고, 그 대학교에서 교직원으로 일하는 친구와 함께 구내식당에서 점심을 먹었다. 맛있게 점심을 먹고 난 후 친구가 넓은 캠퍼스 곳곳을 구경시켜 주었는데, 조단이 걷다가 어느 장소에서 잠시 발걸음을 멈추었다. 캠퍼스 한편에 널찍하게 자리를 잡은 축구장 같은 운동장이었다. 운동선수 출신인 조단은 부러운 눈으로 서서 운동장을 바라보며 감탄했다. 아바나에서 체육대학교를 우수한 성적으로 졸업한 조단은 한국의 대학교에 있는 훌륭한 체육 시설을 보면서 고향에 있는 낡디낡은 시설의 운동장을 떠올렸을 것이다. 언젠가는 자신의 고향에도 이렇게 멋진 운동장이 있으면 얼마나 좋을까! 하고 상상하고 있었을지도 모른다.

캠퍼스 투어를 마친 후 친구는 다시 일터로 돌아갔고, 우리는 마을버스와 전철을 타고 집으로 돌아왔다. 다음날부터는 나도 필라테스 자격증반 수업을 시작하게 되어, 등교는 함께 할 수 있지만 하교는 조단 혼자 해야 했다. 그래서 집으로 오는 길에 가는 곳마다 사진을 찍으며 상세히 설명해 주었다.

집에 도착하자마자 학교에서 집으로 돌아오는 길에 대해서 스페인어로 상세히 적은 다음 조단의 휴대폰으로 보내주었다. 전철이 아직까지 낯선 조단에게 이 순서만으로는 집을 잘 찾아가는 게 힘들어 결국 전철에서 만난 할아버지들의 도움을 받았다고 했다. 나는 조단이 흑인이고 영어도 잘 못해서 한국에 오면 인종차별을 당하지 않을까 걱정을 했는데, 조단이 전철에서 만난 대부분의 할아버지들은 무척 친절했다고 말했다. 반면 전철에 있는 젊은 친구들은 모두 귀에 이어폰을 꽂고 휴대폰을 쳐다보고 있어서, 도움을 청하기가 힘들었다고 덧붙였다.

첫날이라 몹시 긴장했던 조단은 집에 와서 가방을 내려놓고 잠시 휴식을 취했다. 그리고 내가 해 준 저녁을 맛나게 먹고 나더니 공부를 해야겠다며 가방에서 책을 꺼냈다. 어릴 적부터 운동을 했지만, 학교 다닐 때 내내 반장을 하면서 공부도 잘했던 조단이 외국어 공부를 하는 건 이번이

처음이었다. 같은 반 외국인 친구들은 대부분 어린 학생들이라 선생님이
설명하는 걸 금방 알아차리고 다음 단계로 넘어가는데, 외국어 공부가 처
음인 조단은 선생님 말을 잘 못 알아들으니 너무 답답해서 첫 한 주일 동
안은 문만 보면 뛰쳐나가고 싶었다고 했다. 하지만 그런 생각이 들 때마
다 자신을 위해 학생비자를 받느라 고생한 나를 생각하면서 참았단다.

  나는 외국어를 공부한 사람이고, 외국어에 관심도 많고 재미있어하는
데도 못 알아듣는 게 있으면 답답한데, 다른 친구들은 모두 선생님이 말
씀하시는 걸 잘 알아듣는데 혼자만 못 알아들으니 학교에 가는 게 얼마나
고역이었을까? 그래서 매일 학교를 마치고 집에 오면 저녁을 먹고 난 후
학교에서 배운 걸 함께 복습했다.

  초반에는 조단의 복습을 잘 도와주었는데 시간이 지나면서 조금씩 답
답해지기 시작했다. '분명히 여러 번 얘기했던 건데 왜 또 모르지?'라는

생각과 함께 가끔 한숨을 쉬기도 했고, 목소리도 높아지게 되었다. 이런 일이 반복되자, 자존심이 상한 조단이 책을 덮고 나와는 공부를 못하겠다고 했다.

'역시 부부끼리는 가르쳐주는 게 아닌가봐.'라며 한계를 느끼고 있던 그때, 한국어 교원 자격증이 있는 친한 언니가 조단의 한국어 공부를 도와주겠다며 자처하였다. 언니의 도움으로 조단은 책의 처음부터 복습하게 되었고, 언니와 함께 하는 한국어 공부가 재미있다고 했다. 엄마처럼 푸근한 언니는 조단을 많이 배려해 주었고, 덕분에 우리 모두 편하게 되었다. 구세주 같은 언니의 출현으로 조단의 한국어 실력이 조금씩 향상되기 시작했다.

Chapter 2

45살에 결혼하면 좋습니다

나이 따위는 궁금하지 않아요

　조단과의 두 번째 만남은 아바나 근교 바닷가 어촌마을인 코히마르 (Cojimar)에서였다. 쿠바를 사랑해서 쿠바에 29년을 살았던 헤밍웨이에 게 노벨상을 안겨준 작품 『노인과 바다』의 배경이기도 한 곳이다. 휴가로 쿠바에 온 나는 코히마르에 있는 한 까사(숙소)에 머물고 있었는데, 조단 이 나를 꼭 만나야겠다는 일념으로 땀을 뻘뻘 흘리며 찾아왔다. 아바나의 베다도에서 합승 택시와 드문드문 있는 버스를 타고 코히마르에 와서 집 을 찾느라 한참 헤매다 보니 오는 데 2시간가량 걸렸다고 했다.

숙소 주인아주머니가 전날 밤 아바나에서 가장 유명한 종합문화예술 전시장인 '파브리까 델 아르떼 꾸바노(FAC)'라는 곳에 나를 초대해서 아주머니 친구와 셋이 가게 되었는데, 조단이 그곳에서 일하고 있었다. 두 시간 정도 구경하고 나와서 아주머니가 택시 기사들과 가격을 흥정하는 사이에 조단이 가만히 서 있던 나에게 말을 걸었다.

나는 이틀 후면 쿠바를 떠나는 일정이었고, 전날 집주인의 조카와 처음으로 밤에 외출했다가 600유로를 도둑맞아 정신이 멍해 있던 상태였기에 낯선 사람과 별로 대화하고 싶지 않았다. 조단은 멍하게 서 있던 나에게 "실례지만 스페인어 할 줄 알아요?"라고 물어보았고, 나는 "Si(네)." 라고 간단히 답했다.

그는 정중하게 자신을 소개하고는, 식사에 초대하고 싶다며 연락처를 물었지만 나는 관광객이라 이곳에 연락처가 없고 곧 떠난다고 하며 그의

청을 기분 나쁘지 않게 거절하였다. 집념이 강한 조단이 계속해서 물어보자 귀찮아진 나는 내일 내가 전화하겠다며 그의 전화번호를 받았다. 그럼에도 뭔가 불안했는지 계속해서 전화번호를 알려달라고 간곡히 부탁하는 그에게 숙소 주인의 허락을 구해 그녀의 집 전화번호를 알려주고는 그곳을 떠났다.

다음날 바빴던 탓에 깜빡하고 그에게 전화하지 않았고 내 전화를 온종일 기다리던 조단이 저녁 7시 즈음에 숙소에 전화해서 아주머니와 통화를 하고는 나를 찾아왔다. 그가 도착했을 때가 저녁 9시 반쯤이었다.

두 번째로 조단을 보니 얼굴에 '나 착함'이라고 쓰여있는 참 맑은, 순박하게 생긴 청년이었다. 게다가 예의도 발랐다(나는 예의를 굉장히 중요하게 생각한다). 까사 주인아주머니도 마음에 드셨는지, 잘생겼다면서 나에게 계속 눈을 찡긋찡긋하셨다. 주인아주머니와 조단과 나 이렇게 셋이 한 테이블에 앉아 하바나 클럽 럼 한 병과 설탕을 앞에 두고 대화 나누기 시작했는데, 아주머니가 조단에게 대뜸 물어보았다.

"너 몇 살이야?"

"아, 저는 28살이에요."

한국과 달리 이 나라에서는 만으로 나이를 계산하는지라, 28살이면 생일에 따라서 한국 나이로 29살 아니면 30살이었다. 덩치가 커서 그 정도로 어릴 거라고 생각하지 못했는데, 그는 나보다 많이 어렸다. 나이를 듣고는 그에 대한 관심을 바로 접어 버렸다.

철학과 교수였던 집주인과 철학을 좋아하는 나와 철학 이야기에도 거침없었던 그가 철학뿐 아니라 역사, 정치, 문화 이런 내용으로 대화를 이어갔는데, 나는 한 일 없이 괜히 피곤했다. 아마도 그 남자에게 관심을 갖지 않기로 해서 그랬을 테다. 그날은 아주머니와 조단 둘이서 대화를 많이 했다.

쿠바에서의 마지막 날인 다음 날, 그의 요청으로 우리는 아바나 시내에서 한 번 더 만났는데 그때는 둘이서 좀 더 깊이 있는 대화를 나눌 수가 있었다. 그리고 다음 날 새벽 나는 쿠바를 떠났다. 잔뜩 기대하고 온 쿠바였는데, 나의 기대치에 많이 못 미쳐 '두 번 다시 올 일은 없겠다.'라고 생각하고는 떠나기 전날 쿠바 돈도 아낌없이 다 써 버렸다.

하지만 인생은 내 뜻대로 되는 게 아닌지 그 남자와 인연이 이어졌고(그의 노력이 아주 컸다), 결국 나는 회사를 퇴사하고 다시 쿠바로 오게 되었다. 2개월을 함께 하는 동안 우리는 수많은 이야기를 나누었는데, 그 많은 이야기에 내 나이에 관한 건 전혀 포함되어 있지 않았다.

'이 남자는 도대체 왜 내 나이를 안 물어보는 거야?'

나이 많은 게 죄도 아닌데 괜히 도둑이 제 발 저린 듯 혼자서 전전긍긍했다. 물어보면 쿨하게 대답해주려고 준비까지 하고 있었는데, 그럴 기회를 그는 전혀 주지 않았다. 목마른 자가 우물을 판다고 결국 내가 물었다.

"자기는 내 나이가 궁금하지 않아?"

"응, 그건 중요치 않아. 나는 있는 그대로의 자기가 가장 중요해. 난 그냥 자기가 좋아."

몇 번을 물어보아도 같은 대답이었다. 나이 따윈 상관없고 나만 있으면 된다고 했다.

'어린 친구가 어찌 이런 생각을 하지? 참 신기한 남잘세.'

나도 더 이상 같은 질문 하는 것을 멈추었다. 상대방이 굳이 알고 싶어 하지 않는 걸 계속 캐물을 이유가 없었으니까. 그렇게 2개월간 함께 시간을 보낸 후 한국으로 돌아왔다.

한국에 돌아온 나는 그를 한국으로 초대하기 위해 이리저리 뛰어다녔고, 그의 한국행이 확정되었을 때 나는 작정하고 인터넷을 연결했다. 휴대폰에 해맑은 그의 얼굴이 '짠' 하고 비쳤다. 커피색 얼굴에 하얀 이를 활짝 드러내고 마냥 좋아서 웃고 있는 그의 얼굴은 언제 봐도 귀여웠다.

"자기, 정말 내 나이 안 궁금해?"

"조금 궁금하긴 한데, 그건 중요한 게 아니라서 괜찮아."

"알겠어. 자기가 안 물어보니까 내가 그냥 얘기할게. 나 43살이야. (한국 나이로는 45살이지만, 만 나이로 계산해서 말했다.) 자기보다 훨씬 많아. 완전 이모뻘이지?"

"(아주 잠깐 침묵이 흐른 후) 무슨 말을 그렇게 해? 그건 중요치 않아. 자기만 있으면 돼."

더 늦기 전에 알리는 게 예의겠다 싶어서 말한 것이었는데, 그에게는 전혀 중요한 게 아니었다.

쿠바에 살아보니 쿠바인들은 우리와는 달리 나이에 대해서 관대하였다. 이십 대 초반의 한 친구는 남편이 스무 살이나 많은데도 전혀 개의치 않았고, 그 반대의 경우도 종종 보았다. 그래서 조단에게는 내 나이가 그리 중요한 게 아니었던 것이다. 쿠바인들에게 나이는 숫자에 불과한 것이었고, 그들에게 중요한 것은 무엇보다 사랑이었다. 지금도 조단은 내가 늙었다고 투정을 부릴 때마다 "자기 예뻐." 하며 새하얀 치아를 드러내고 활짝 웃는다.

혹시 그 남자 흑인이가?

나는 일하느라 서울에 살고 있었고 부모님은 대구에 살고 계셔서, 나에게 일어나는 일에 대해서 내가 엄마께 알려드리지 않으면 부모님은 나의 일상에 대해서 전혀 알지 못하신다(고 생각했다). 게다가 나는 엄마께 매일 연락해서 미주알고주알 보고하는 스타일이 아니었고, 별일이 있어도 엄마가 여쭤보시면 아무 일 없다고, 괜찮다고 하면서 부모님의 걱정을 최대한 끼쳐 드리지 않는 게 효도라고 생각하며 살았다.

어느 날 나의 피나는 노력의 결과로 쿠바에서 지금의 남편인 당시 남자 친구가 한국에 도착했고, 그날부터 나의 아파트에서 같이 살기 시작했다. 그때 내 나이가 마흔다섯이었으니, 결혼도 하지 않은 미혼여성인 내가 남자 친구와 같이 산다고 해서 태클 걸 사람은 내 주위에 아무도 없었다.

혹시 그런 사람이 있다고 한다면 나를 잘 모르는 사람이거나 나와 전혀 상관이 없는 사람이었을 테니, 나는 그런 시선에 전혀 신경 쓰지 않았다. 대신 그간의 사연을 알고 있던 나의 지인들은 언니, 동생, 친구 할 것 없이 쿠바에서 온 한참 연하인 린다의 남자를 환영하느라 매일 저녁 우리를 식사에 초대해주었다.

그렇게 한 달이 지난 어느 날 내 마음에 결심이 섰다.

이 남자랑 결혼해야겠어!

부모님이 걱정할까 봐 회사를 그만두고도 바로 말씀드리지 않고 있다가 두 달 동안 연락이 잘 안 되는 쿠바에 가느라 이실직고를 한 나였다. 게다가 쿠바는 비즈니스 때문에 뭘 좀 알아보러 가는 거라고 입에 침도 안 바르고 자연스럽게 거짓말을 했다. 만약 내가 그때 솔직하게 "엄마, 내가 저번에 쿠바에 가서 아무것도 가진 것 없는 어린 남자를 만났는데, 이 남자가 아주 괜찮더라고. 그래서 다시 한번 만나보러 쿠바에 가서 좀 있다 와야겠어."라고 말씀드렸으면, 엄마는 나에게 이렇게 대답했을 것이다.

"머라카노? 야가 미쳤나?"

그러니 나는 순전히 엄마와 아빠를 위해 마음에도 없는 거짓말을 할 수밖에 없었다.

나의 퇴사 소식에 부모님은 무척 놀라 아무 말씀도 하지 않으셨다. 곧이어 이미 돌아갈 수 없는 강을 건넜으니 그냥 사실을 받아들이는 게 낫겠다고 판단하셨는지 알겠다고 하셨다. 그리고는 "네가 알아서 잘하겠지!"라고 하시며 응원 아닌 응원을 해 주셨다. 다행이었다. 아마도 그건 그동안 사회생활을 하면서 딱히 부모님 속을 썩이지 않고(사고를 안 치고) 혼자서 사부작사부작 잘 살았던 결과가 아니었나 싶었다.

그렇게 나는 쿠바를 떠나기 34시간 전에 우연히 만난 남자를 만나러 거의 이민 가방 수준으로 짐을 싸서 다시 쿠바로 떠났다. 트렁크 하나는 선물로 가득 채워졌다. 나는 산타가 되었다.

다시 밟은 낯선 땅에서 나는 이 남자와 함께 다른 도시들을 여행하였고, 다양한 주제로 끊임없이 대화를 나누었으며, 그의 가족과 친지들도 모두 만나보았다. 그 모든 과정을 통해서 그동안 그가 태어나고 살아왔던 환경부터 주위 가까운 인물들을 유심히 관찰하기 시작했다. 그의 말투와 그가 사용하는 단어들, 그가 하는 행동거지와 생각들은 내가, 혹은 우리가 생각했던 (룰루랄라인) 쿠바인과는 많이 달랐다.

'어떻게 이런 환경에서 저런 사람이 있을 수가 있지?'라는 생각이 들 정도로 그는 생각이 건전하고 건강했으며, 교양과 품위를 갖추고 있었다.

슈퍼마켓에서 동전이 모자라 계산을 못하고 쩔쩔매는 할머니나 할아버지를 보면 자신의 주머니에서 동전을 꺼내어 도와주었고, 시각 장애인이 지나가면 얼른 쫓아가서 길 건너는 걸 도와주고는 아무렇지도 않게 돌아와서 가던 길을 가는, 마음이 참 고운 사람이었다. 길거리에 떠도는 강아지나 고양이, 그리고 참새에게도 선행을 베풀고 모기는 죽여도 개미는 살려주는 남자였다.

그런 이 남자가 좋다가도 문득 '아니지, 아무리 좋아도 가진 게 하나도 없는 남자랑 평생을 산다는 건 무리가 있을 거야. 그동안 죽도록 일했는데, 앞으로도 또 죽도록 일을 해야 할 수도 있어. 암, 그건 아니야.'라는 생각이 들었고, 그때마다 이 남자는 내 마음을 알아채고 나를 설득하려고 부단히 노력하였다. 그가 아무리 노력을 한다 해도 내가 아니면 아닌 건데, 결국 나도 이 남자의 심성에 반해서 그를 한국에 초대하기로 했다. 평생을 사회주의 국가에서 살아온 그가 자본주의 국가에 오면 어떻게 변하는지를 보고 나의 미래를 결정하기로 한 것이다. 그래서 그 복잡한 비자 절차를 감수하며 힘들게 그를 한국으로 모셔왔다.

뿌리 깊은 소나무 같은 이 남자는 처음 경험해보는 자본주의 국가에 와서도 크게 흥분하지 않았고, 이리저리 눈을 굴리지도 않았다. 그는 오직 나만 바라보았다. 다른 학생들과 잘 어울리지도 않았고, 땡영감처럼(한때 아빠 별명이 '땡영감'이었다) 땡 하면 곧장 집에 와서 함께 밥을 먹고 운동하고 숙제했다. 학교 친구들이랑 밥도 먹고 놀러 가라고 해도 싫다고 했다. 그는 눈빛도 행동도 마음도 쿠바에 있을 때와 변함없었다.

이 남자가 내가 그동안 찾고 있던 반쪽이라는 확신이 든 날 나는 그와 평생을 함께 하리라는 결심을 했고, 다음날 부모님께 전화를 드렸다. 엄마가 받았다.

"엄마, 요새 별일 없지? 다음 주 주말에 대구 가려고 하는데."

"아, 그래? 알겠다. 뭐 먹고 싶노?"

"나야 늘 갈치구이랑 된장찌개지. 엄마, 근데 내 남자 친구 있는데 결혼할라고. 그래서 이 남자도 대구에 같이 갈거데이."

"뭐? 니 혹시, 그 남자 흑인이가?"

"어, 엄마 어떻게 알았는데?"

나의 SNS를 팔로우하는 외종사촌 동생이 내가 올린 남자 친구의 사진을 보고는 외삼촌께 말씀을 드렸고, 외삼촌은 누나인 엄마께 알려 드린 것이었다.

"아이고오오오, 내가 흑인은 안 된다고 했잖아…."

엄마는 대성통곡을 할 기세였다.

"하하, 엄마 뭐꼬, 지금 인종차별 하는 거가? 엄마가 생각하는 것만큼 이 남자 안 까마니까, 너무 걱정 안 해도 된다. 내가 사진 보내줄 테니 그거 보고 얘기해라."

"(굳은 목소리로) 안 되겠다. 니 다음 주말에 대구에 내려오지 마라. 우리가 좀 있다가 서울에 올라가께. 서울에서 보자."

엄마는 괜히 까만 남자 친구를 데리고 왔다가 사람들에게 내가 눈총받는 게 두려운 것이었다.

"응, 알겠다. 그럼 다음 주에 대구 안 갈게. 서울 언제 올지 알리도."

"…그래, 알겠다. 아이고…."

"엄마가 결혼하지 말라고 한다고 내가 안 할 사람은 아니잖아. 그라고 이 나이에 엄마 허락 없이 결혼 못 하는 것도 아니고."

"그렇지, 니가 그럴 사람은 아니지…(한숨 소리)."

"엄마, 결혼식은 내가 알아서 할 테니 너무 걱정하지 마라. 서울에서 친구들이랑 스몰웨딩 할 거니까. 스몰웨딩 알제?"

"그래, 알겠다…(목소리에 힘이 하나도 없으심)."

엄마는 알고 있었다. 내 남자 친구가 흑인이라는 것을. 그런데 '좀 만나다 헤어지겠지, 설마 흑인이랑 결혼하겠어?'라고 생각하셨던 터라 내게 일언반구도 하지 않으셨다(나도 흑인 남자 친구는 처음이었다). 그런데 뜬금없이 전화해서는 당신의 그 잘난 딸이 듣도 보도 못한 나라에서 온, 엄마랑 말도 안 통하는 흑인 남자와 결혼한다고 했으니 엄마는 세상이 무너지는 듯했을 것이다.

게다가 하나뿐인 딸은 너무나도 담담하게 결혼식을 알아서 할 거라며 신경 쓰지 않아도 된다고 했으니, 지금 생각해 보면 그날 엄마 속은 말도 안 되는 절망적인 소식에 썩어 문드러졌을 것이다. 예전부터 엄마는 늘 사위에게 대접받고 싶어 하셨고, 그때마다 나는 걱정 말라며 큰소리를 쳐 댔는데 대체 이게 무슨 일이란 말인가?

전화를 끊고 나서 조단이 물어보았다.

"자기, 어머니가 뭐라고 하셔?"

"아, 다음 주말에 대구에 내려오지 말래. 엄마랑 아빠가 서울에 올라오신다고 그때 보자고 하셔. 그리고 우리 결혼할 거라고 말씀드렸어."

"아, 그래? 잘 됐다."

흑인이라서 엄마가 난리 났다는 얘기는 하지 않았다. 조단은 당연히 나의 부모님으로부터 결혼 허락을 쉽게 받은 거라고 생각했다. 결혼하고 나서야 그때 상황을 조단에게 말해 주었고, 시어머니와 시할머니께도 말씀드렸더니 다들 재미있다고 박수치며 깔깔 넘어가셨다.

전화를 끊고 나서 엄마와 아빠께 조단과 함께 찍은 여러 장의 사진을 카톡으로 보내 드렸다. 물론 약간 밝게 보정을 해서 조금이라도 덜 까맣게 나온 사진들로 말이다. 사진을 보내고 잠시 후에 엄마의 문자가 도착했다.

'아빠가 지금 너무 놀라서 우실라고 하니 아빠한테 연락 좀 드려라.'

문자를 보자마자 곧바로 아빠께 전화를 드렸다.

"아빠~~~"

아주 밝게 아빠께 인사드렸더니 안심하신 듯하였다. 아빠께 이 남자의 됨됨이에 대해서 말씀드렸다.

"아, 그래? 내가 사진을 보니까 생각보다 덜 까맣더라. 그리고 인상이

착해 보이는 거 보니 좋은 사람 같네. 아이고, 니 얘기를 직접 들으니 나도 안심이 되고 좀 낫다."

엄마가 당신 딸의 까만 남자 친구에 대해서 극단적으로 말씀을 드려서 아빠가 걱정하셨던 것이었다.

나이가 무슨 벼슬이라고, 남들은 조마조마하며 부모님께 허락받는 결혼을 나는 거의 통보 수준의 전화 한 통으로 끝내버렸다. 그리고 담담하게 결혼 준비를 하기 시작했다. 얼마 지난 후 엄마로부터 연락이 왔다.

"8월 첫째 주말에 아빠랑 같이 서울에 갈 거다. 그때 아빠 생신인데 서울에서 생신하고 니 결혼할 남자도 한번 볼라고 하니까 그래 알고 있어라."

"응, 알겠다 엄마. 아빠 생신은 내가 준비할게."

조단에게 엄마랑 아빠가 오실 거라고 알려주었더니, 약간 긴장을 하는 것 같았다.

시간은 금세 흘러 그날이 되었다. 아빠 생신도 있고 해서, 오빠들도 모두 우리 집으로 오기로 했다.

띵똥!

현관문을 열자 부모님이 들어오셨다. 미소 띤 얼굴의 조단은 장래 아내가 될 사람의 부모님을 처음 뵙는 자리여서 긴장을 했는지 땀을 빠작빠작 흘리며 한국말로 인사를 드렸다.

"안녕하세요. 어머니 아버지, 저는 조단입니다. 쿠바 사람입니다. 만나서 반갑습니다."

학교에서 배운 걸 복습이라도 하듯 또박또박 천천히 배운 대로 말했다. 엄마와 아빠는 "아, 예 반갑심니더."라고 하시며 어색하게 웃더니 이내 표

정이 굳어졌다. 한동안 집안에 긴장감이 감돌았다.

곧이어 엄마가 나를 방으로 부르더니 말씀하셨다.

"저 남자 니가 보낸 사진보다 더 까맣네. 왜 이래 까맣노?"

"아 엄마, 우리가 그동안 캐리비안 베이도 갔었고, 오션월드도 갔거든. 그때 새까맣게 타서 그런 거다."

"니 지금 그걸 믿으라고 하는 소리가?"

"진짜다. 원래 까만 사람이 더 잘 타는 거 몰랐나? 나도 봐라. 새까매졌잖아."

엄마는 어이가 없다는 듯 혀를 끌끌 차시고는 말씀이 없었다. 다행히 오빠들이 와서 남자 친구와 서툰 영어로 얘기를 하며 분위기를 바꾸고 있었다.

아빠 생신 케이크를 야심 차게 준비했던 나는 가족들과 내가 예약해 둔 광화문의 한정식집에서 만나기로 하고, 조단과 먼저 집에서 나와서 케이크를 픽업하러 홍대로 향했다. 케이크는 아주 만족스러웠다. 식당에 도착해서 아빠께 이 케이크는 조단과 내가 함께 준비한 거라고 말씀드렸다. 물론 혼자서 준비한 것이었지만.

드디어 케이크를 열었는데 아빠가, "아이고, 이게 뭐꼬?" 하시더니 허허 웃으셨다. 그리고는 "조 서방, 고맙네. 내 딸 잘 부탁하네!" 하시며 조단의 손을 덥석 잡았다. 케이크 가장자리를 돌아가며 돈이 빽빽이 꽂혀 있었던 것이었다. 그 모습에 우리 모두 박수치며 웃었고, 조 서방으로 인정을 받은 조단은 그제야 긴장이 풀린 듯했다. 그때부터 화기애애한 분위기가 시작되었다.

어머나, 귀족이 오셨네!

"니 여(여기) 와서 좀 앉아봐라."

다음 날 아침이 되자 아니나 다를까 엄마의 질문 공세가 시작되었다. 전날부터 엄마는 묻고 싶은 게 많았을 텐데, 꾹 참고 계시느라 무척이나 힘드셨을 테다. 남자 친구가 나보다 열네 살이 어리다는 건 전날 말씀드렸고, 엄마는 그저 한숨만 푹푹 내쉬셨다.

"야(이 남자) 돈은 좀 있나?"

그렇지. 엄마라면 당연히 당신 딸을 먹여 살릴 능력이 되는지가 가장 궁금하실 테지. 이 세상 어느 엄마가 하나뿐인 딸을 땡전 한 푼 없는 남자에게 시집보내고 싶으랴? 그건 딸이 나이가 많든 적든 상관이 없는 문제다. 사실 내가 이 남자를 먹여 살려야 하는 상황이지만, 나는 당연히 그렇게 말씀드리지 않았다.

"엄마, 한국 나이로 이제 서른하난데 (만 29세), 돈이 많은 게 말이 되나? 대신 쿠바에서는 맨날 투잡, 쓰리잡 하면서 엄청 힘들게 일했다 아이가. 아주 성실하고 아직 젊으니까 우리 둘이 열심히 일해서 같이 벌면 되니까 괜찮다."

엄마도 이 말에 동의하신 듯 가만히 계셨다. (어이가 없어서 가만히 계셨을 수도 있었겠지만.) 그리고는 다음 질문으로 넘어갔다.

"야는 쿠바에서 무슨 일 하는데?"

"지금은 한국에 오느라 일을 다 그만뒀는데, 한국에 오기 전까지 병원에서도 일하고, 경호원으로도 일했어. 엄마, 조단은 유명한 미국 영화배우(분노의 질주-빈 디젤)랑 가수(롤링 스톤즈와 어셔)가 쿠바에 왔을 때도 경호했었어. 대단하제? (엄마는 속으로 경호원이 뭐가 대단하냐고 하시며 나를 팔불출로 생각하셨을 테다.) 그전에는 핸드볼 선수에 코치도 오래 했고, 항구에서도 일했다 카더라."

"(한숨…) 부모님은 다 계시나?"

"응, 다 계시지. 그런데 아빠는 베네수엘라에서 일하고 계셔서 조단은 엄마랑 할머니랑 살아."

"아버지는 뭐 하시는데(느거 아부지 뭐 하시노? 딱 그거다)?"

"조단 아빠? 핸드볼 국가대표 선수였고 지금은 코치 하신다. 그래서 조단도 아빠 때메 핸드볼 선수 했잖아. 근데 경기하다가 손가락이 하나 부러져가지고 코치로 전향했다 아이가."

"……."

다행히 돈을 얼마나 버는지는 안 물어보셨다. 쿠바의 월급을 있는 그대로 말씀드렸으면 아마 엄마는 기절하셨을지도 모른다.

엄마는 성에 안 차는 모양이었다. 그럴 수밖에 없는 게 엄마는 그동안 딸이 많은 이모의 사위들이 잘하는 걸 꾸준히 봐 오셨고, 당신도 언젠가는 하나뿐인 멋진 사위에게 대접받을 거라 기대를 하고 계셨던 것이었다. 게다가 모임에 가서 "내 사위가 이렇소!" 하며 사위 자랑도 하고 싶으셨을 텐데, 그 기대가 깡그리 날아가 버리자 얼마나 허탈하셨을까? 엄마는 내가 대단한 남자와 결혼할 거라고 확신하고 계셨다. 그동안 내가 큰소리를 친 결과였다. 모든 게 내 탓이었다.

이 남자를 만나기 전에 나는 아주 훌륭한 조건의 남자에게 청혼받았지만, 곰곰이 생각한 후 청혼을 받아들이지 않았다. 평생을 함께할 만큼 사랑하지 않는다는 이유였다. 결국 난 사람 하나만 보고 사랑을 선택한 것이었다. 그리고 이 선택에 대해서 흔들림이 없다. 오히려 이 남자와 살면 살수록 '내가 선택을 잘했구나.'라는 생각이 들 뿐이다.

불편한 심기를 감추기 힘들어하시는 엄마께 말씀드렸다.

"엄마, 내 성격 알제? 이 나이 먹도록 나도 사람들을 얼마나 많이 만났겠노? 웬만한 남자는 눈에 차지도 않고, 괜찮다는 남자들 만나봐도 결혼하고 싶을 정도로 좋은 사람은 없더라. 다들 너무 빨리 싫증이 난다고. 근데 조단은 같이 있으면 내 마음이 너무 편코 얼마나 든든한지 하늘이 무너져서 자기는 죽더라도 나는 지켜줄 그런 사람이다. 운동해서 그런가 근기도 있고 마음 씀씀이도 이쁘고 어른들한테도 참 잘하더라. 그라고 무엇보다 조단은 내만 바라본다 아이가. 엄마, 요새 이런 남자 잘 없데이. 내한

테 이래 잘 맞춰줄 수 있는 남자는 더 잘 없고."

엄마가 생각해도 다 맞는 말이었다. 나는 고분고분한 성격이 아니어서 어릴 적부터 엄마가 시키는 대로 한 적이 별로 없었다. 그런데 남자 말을 잘 들을 리가 있겠나? 엄마 눈에도 인상이 선해 보여 당신 딸을 심적으로 고생시킬 거 같지는 않았지만, 엄마는 괜히 심통이 날 수밖에 없었다. 아무리 생각해도 당신 딸이 너무 아까웠던 것이었다. 옆에서 아빠는 내가 하는 얘기를 가만히 들으시고는 아무 말씀이 없으셨다. 아빠도 이 낯선 흑인 사위가 딱히 마음에 들지는 않으셨겠지만, 딸이 선택한 남자니 그냥 받아들이고 계신 듯했다.

그날은 일요일이었고, 우리는 결혼반지를 맞추러 갈 예정이었다. 마침 엄마 아빠도 서울에 오셨으니 함께 가서 반지를 맞추면 좋겠다는 생각이 들었다.

"엄마, 오늘 종로에 가서 반지 맞출 건데 엄마랑 아빠도 같이 가자. 거기 갔다가 내가 역까지 모셔다드릴게."

"오야, 알았다. 같이 가보자."

엄마와 아빠 짐을 챙긴 후 택시를 타고 미리 알아봐 둔 종로 금은방으로 향했다. 집을 나서기 전에 더 이상 사용하지 않을 18K 목걸이와 팔찌 등 몇 가지를 챙기는 것도 잊지 않았다. 금은방에 도착한 후 주인이 보여주시는 여러 종류의 반지 디자인을 보고 그중에 가장 마음에 드는 걸로 정했다. 반지에 결혼 날짜와 서로의 이름을 새긴 심플한 18K 반지였다.

주인에게 준비해 간 내 18K 주얼리를 보여주며 가격이 얼마나 될지 물어본 후, 우리가 주문하려는 반지의 금액에서 그 가격만큼을 제하고 나니 총 지불 금액이 얼마 되지 않았다. 핸드볼 선수답게 손이 큰 조단은 손가락도 두꺼워서, 그의 반지값이 내 것의 세 배나 되었지만 아주 만족스러웠다.

엄마도 알뜰하게 잘했다며 좋아하셨다. 감사 인사를 드린 후 떠나려고 하는데, 주인이 엄마께 말씀하셨다.

"사모님, 점심은 광장시장 안에 있는 ○○식당에서 드세요. 저도 자주 가는 식당인데 아주 맛있게 잘해요."

"아이고 사장님, 고맙습니데이. 알려주신 데 가서 점심 먹겠습니데이."

금은방에서 광장시장이 지척인지라 우리는 뜨거운 태양을 등지고 광장시장으로 향했다. 광장시장 안으로 들어가서 식당을 향해 걸어가는데, 오른쪽 정면에 '금호주단'이라고 적힌 한복집이 엄마와 내 눈에 동시에 들어왔다.

"엄마, 여기 한복집 있네. 시간도 이른데 들어가서 한복 한번 볼래? 아무래도 엄마가 나보다 더 잘 보니까 엄마 있을 때 한복 보면 좋을 거 같네."

"그래, 그러자."

한복집 문을 열고 들어갔더니 주인 부부가 반가이 맞아주었다. 광장시장 이 자리에서만 35년 이상 한복집을 운영했다는 안주인이 조단을 보더니, "어머나, 여기 귀족이 오셨네!"라며 화들짝 놀랐다.

그러자 엄마가 그녀에게 조용히 말씀하셨다.

"쟈는 내 딸이고 외국인은 사위 될 사람이라예."

"사위 되실 분이 인상이 너무 좋으시네요. 생긴 것도 잘 생겼고 완전 귀족이네요, 귀족!"

안주인이 조단을 엄청나게 칭찬하였다.

조단은 무슨 말인지 몰랐지만 본인 얘기를 하는 것 같으니 씩 웃었고, 엄마는 그녀의 놀라운 반응에 머쓱하였다. 아빠는 쑥스러운 듯 웃고 계셨다. 주인의 칭찬에 엄마는 마음이 좀 풀리셨는지, 처음 본 한복집 안주인에게 넋두리를 늘어놓았다.

"내 딸보다 열네 살이나 어려예. 우짤라고 그라는지 모르겠심더."

"어머, 요새는 시대가 변해서 연상연하 커플도 많고 외국인 사위들도 많이 보잖아요. 우리 집에도 외국인들 많이 와요. 나도 35년 동안 한복집 하면서 외국인들 많이 봤는데, 이 집 사위는 품위가 있는 귀족 같아요. 사모님 좋으시겠어요!"

장사 수완이 뛰어나신 주인 부부는 걱정스러워하는 엄마를 안심시켜드리려는 듯 엄마의 비위를 잘 맞춰주셨고, 거의 만담 수준으로 말씀을 주거니 받거니 하였다. 안주인은 조단이 마음에 쏙 들었는지 처음에는 노리개 몇 개를 선물로 주더니, 조금 있다가 색동 지갑 여러 개를 또 선물로 주었다. 그렇게 받고 또 받다 보니 선물만 한 가방이 되었다.

그녀는 연신 "잘 생겼네, 잘 생겼어."를 반복하였고, 조단은 마냥 신이 나서 "감사합니다!"를 연발하였다. (선물 받은 엄청난 노리개와 색동 지갑들은 나중에 조단 친척들에게 선물로 드렸다. 쿠바인들은 알록달록한 걸 좋아해서 반응이 아주 좋았다.)

그냥 한번 볼까 하면서 들어갔던 한복집에서 결국 내 한복, 조단 한복, 그리고 엄마 한복까지 싹 맞추게 되었고, 주인 부부는 화끈하게 백만 원에 모든 걸 다 해 주었다. 파격적인 제안에 기분이 좋아진 엄마는 "한복은 내가 해 줄게."라며 통 크게 쏘셨고(울 엄마는 기분파에 통이 크시다), 예물이든 뭐든 내가 알아서 결혼 준비를 하겠다던 나는 완전 땡 잡은 기분이었다.

아빠를 제외한 우리 셋은 한복 치수까지 재느라 한참을 그곳에 있다가, 점심때가 훌쩍 지나서야 한복집에서 나왔다.

한복집에서 나온 우리는 금은방 주인이 알려준 식당으로 갔다. 테이블에 앉아 식사가 나오길 기다리는데, 서빙하는 아주머니가 조단을 보더니 "어머나, 외국인 남자분이 너무 잘 생기셨어요. 무슨 배우 같네요."라고 말했고, 엄마는 까만 조단이랑 같이 다니는 게 약간은 불편하셨을 텐데, 가는 곳마다 아주머니들의 반응이 좋자 슬슬 기분이 좋아지기 시작했다.

"이분 정말 너무 잘생겼네."라고 반찬을 놓으며 아주머니가 한 번 더 칭찬하자, 엄마가 "우리 사위라에."라며 자랑스러운 듯 말씀하셨다. 사실

사람들의 반응에 나도 많이 놀랐다. 우리는 기분 좋게 식사를 마쳤고, 엄마는 또 화끈하게 밥값을 내셨다.

기차 타러 갈 시간이 다가오고 있었다. KTX 타는 곳에 도착해서 엄마 아빠와 넷이서 인증샷을 찍었다. 처음에는 서로 긴장을 하고 서먹서먹했던 엄마 아빠와 조단이 이제는 가족이 된 듯 훨씬 가깝게 느껴졌다. 인사성이 밝은 조단이 엄마 아빠께 "어머니 아버지, 감사합니다. 안녕히 가세요. 다음에 또 만나요."라며 내가 시키는 대로 인사를 잘 드렸고, 마지막엔 "사랑해요, 어머니 아버지!"와 함께 하트를 날려 주었다. 그런 조단이 귀여운 듯 엄마랑 아빠도 웃으셨다. 우리는 부모님이 기차에 타고 좌석을 잘 찾아 앉으신 걸 확인한 후 역을 떠났다.

1박 2일 동안 부모님과의 첫 대면이 해피엔딩으로 마무리되어, 난 천군만마를 얻은 기분이었다.

야외 결혼을 하고 싶다고?

부모님께 결혼하겠다고 말씀드린 후 나는 본격적으로 서울 시내에 있는 스몰웨딩 장소를 알아보기 시작했다. 군이 결혼식을 하지 않아도 상관이 없었으나, 어쩌면 한국을 떠날 수도 있겠다는 생각이 들자 조촐하게나마 파티를 하면 좋겠다는 생각이 들었다. 결혼식이야말로 가까운 이들이 한꺼번에 모일 수 있는 최고의 자리가 아니던가! 그 자리에서 나의 사랑하는 친구들과 지인들에게 고마운 마음을 표현하며 우리의 새로운 시작을 축하받고 싶었다. 그들과 함께 축배를 들며 놀 것을 생각하니 생각만으로도 신이 났다. 꼭 초대할 사람을 확인해보니 80명 정도였다. 인원도 적당한 듯했다. 어차피 신랑 측에서는 올 사람이 없었고, 모두 나의 지인들이었다.

인터넷에서 '스몰웨딩'이라는 키워드를 검색하자 수많은 정보가 쏟아졌다. 그 많은 곳 중에서 한 군데를 찾아야 했고, 그러려면 목표가 있어야 했다. 결혼식 날짜, 예상 하객 인원, 예상 비용은 이미 정해져 있었다. 아무래도 그날은 술을 마시고 즐겁게 놀 터이니 대중교통을 이용할 수 있는 위치에 있는 장소가 좋겠다는 생각이 들었다. 그렇게 최종 목표가 정해지자 장소를 찾기가 한결 수월해졌다. 며칠을 조사하여 세 군데를 찾았고, 그중에서 가장 마음에 드는 곳에 연락해서 방문 날짜를 예약했다.

그러던 어느 날 친한 동생에게서 전화가 왔다.

"언니, 형부 온 기념으로 식사 초대하려고 하는데 수요일 저녁 어때?"

"수요일? 수요일 저녁이면 괜찮아."

"어디를 가면 좋을까 고민하다가 M 레스토랑으로 결정했는데, 괜찮지?"

"오, 정말? M 레스토랑이면 너무 좋지. 안 그래도 우리 거기 간 지 오래돼서 생각났는데!"

"그렇지? 나도 거기가 생각이 나더라고. 언니, 그럼 내가 수요일에 픽업 갈게. 그때 봐!"

약속한 수요일이 되었다. 도봉산 아래에 위치한 이태리 레스토랑인 그곳은 음식도 훌륭하지만, 레스토랑 뒤편에 펼쳐진 이천 평이나 되는 야외 정원이 '헉' 소리가 날 만큼 멋진 곳이었다. 오래전에 이경규 씨가 진행했던 「힐링캠프」라는 프로그램의 촬영지이기도 했다.

봄에는 형형색색 꽃들의 천국이고, 여름에는 빨간 장미가 푸르름 속에서 더욱 돋보이고, 가을에는 울긋불긋한 단풍뿐만 아니라 나무마다 주렁주렁 매달린 열매의 향기에 취하고, 겨울에는 모닥불에 고구마를 구워 먹는 낭만이 있는 곳이었다. 그곳의 사계절을 모두 경험해 볼 정도로 나는 그곳을 좋아했다. 그런데 가는 길이 멀고 힘들어 자주 가지는 못했다. 특히 주말 저녁에 갈라치면 미아 사거리부터 막히는 건 각오해야 했다. 게다가 나는 뚜벅이였다.

평일 이른 저녁이라 우리는 큰 교통체증 없이 그곳에 도착할 수 있었다. 우리 셋은 안내해주는 자리에 앉아 메뉴판을 보며 음식을 정했고, 동생이 그에 맞는 와인도 주문했다.

셋이 식사를 하며 도란도란 대화하고 있는데 "누나, 언제 오셨어요?"

하면서 한 남자가 나타났다. S였다. 키가 크고 훤칠한 그는 그곳의 사장님이었다.

오랜만에 본 그에게 내가 말했다.

"S야, 누나 결혼해. 이 남자가 내 남편 될 사람이야."

"정말요? 와, 너무 축하드려요!"

"안녕하세요. 저는 조단입니다. 저는 쿠바 사람입니다."

조단이 S에게 자기소개를 했다. S도 인사하고 대화를 나누기 시작했다. 이제 우리는 넷이었다. 식사를 마치자 S가 말했다.

"누나, 오랜만에 만난데다 결혼 축하도 할 겸 저기 있는 오두막에 가서 와인 한 잔 하실래요? 와인은 제가 좋은 놈으로 대령하겠습니다."

"어머, 정말? 우리야 너무 좋지!"

동생도 나도 신이 났다. 물론 영문을 모르는 조단도.

"그럼 누나들 먼저 가 계세요. 저는 여기 정리 좀 하고 와인 들고 곧 갈게요."

그렇게 우리 셋은 레스토랑에서 나와서 작은 언덕의 돌계단을 천천히 올라갔다. 식사하는 동안 해가 저물어 온 세상에 어둠이 내린 상태였다. 언덕의 양옆에서 우리를 안내해주는 낭만적인 노란 불빛들을 호위삼아 언덕을 넘자 생각지도 못했던 광경이 눈앞에 펼쳐졌다. 나의 예상대로 조단의 눈이 휘둥그레지며 그 자리에 멈춰 버렸다.

"자기, 여기 너무 멋있어! 우와…!"

입을 다물지 못하는 조단을 데리고 우리는 천천히 정원을 걸었다. 까만 밤이었지만, 곳곳을 비추는 불빛들로 정원은 아름다웠고, 그곳만의 오묘한 매력이 우리를 감싸 안았다. 초록 덩굴 속에 있던 빨간 장미들이 노란 불빛을 받아서 더욱 화사해 보였다. 심장이 두근거릴 정도로 낭만적인 정원을 지나 오두막에 도착했다. 그 넓은 곳에 우리 셋뿐이었다.

잠시 후 S가 와인 세 병을 가지고 나타났다. 센스 있게 음악도 연결했다. 모든 게 완벽했다. 몸이 좋지 않아서 술을 마시면 안 되는 S도 분위기를 깨지 않으려고 와인 한 잔을 따랐다. 오랜만에 만난 S와 우리는 이야기 꽃을 한창 피우고 있었다. 그 와중에 조단이 말을 했다.

"우리, 여기서 결혼하면 안 돼?"

"여기서?"

그 얘기를 듣고 S가 말했다.

"누나가 여기서 결혼하시면 제가 할 수 있는 건 다 도와드릴게요. 여기서 하세요, 누나!"

옆에서 동생도 한마디 거들었다.

"언니, 여기서 결혼하면 정말 끝내주겠어. S 말대로 여기서 해!"

나는 무슨 대답을 해야 할지 몰랐다. 상상조차 하지 못한 일이라 선뜻 대답할 수가 없었다.

"하하하, 여기서 결혼이라? 그럴까? 일단 생각 좀 해보고."

야외 결혼은 여러 가지로 힘들 것 같아서 고려 대상이 아니었다. 게다가 다음날 내가 찜한 결혼식 장소에 답사를 가기로 예약이 되어 있었다. 그래서 그곳에 다녀온 후 결정을 하는 게 좋겠다는 생각이 들었다.

조단의 갑작스러운 제안과 함께 시작된 이야기로 인해 분위기가 한층 무르익었고, 때마침 라틴댄스 음악이 흘러나왔다. 그러자 동생이 말했다.

"언니, 이거 완전 언니랑 형부를 위한 곡인데, 가만있을 수 있나? 한 곡 당기시죠!"

"하하, 그럴까? 자기~~"

기분이 좋아진 나는 조단과 슬금슬금 나와서 춤을 추기 시작했다. 쿠바에서는 야외에서 춤을 잘 추지 않는 조단이 한국에서 내 친구들과 있을 때는 춤을 잘 추었다. 그만큼 조단도 한국과 내 친구들을 많이 좋아했다.

흥겨운 시간을 보내다 보니 어느새 세 병의 와인이 모두 비워져 있었다. 집에 갈 시간이었다. 동생이 대리운전을 불렀고, 기사가 오는 동안 우리 넷은 함께 정원을 걸으며 이야기하고 사진도 찍었다. 잠시 후 대리운전 기사가 도착했다.

"S야, 오늘 너무 고마웠어. 조단이 한국에 와서 가본 곳 중 여기가 가장 이쁘대."

"저도 오늘 누나들이랑 조단 만나서 너무 반가웠어요. 근데 누나, 조단

너무 잘 생겼어요. 좋겠어요. 하하."

"그런가? 하하, 고마워 S야! 결혼식은 생각해 보고 알려줄게."

"네, 누나. 결혼식 결정되면 알려주세요. 조심히들 가시고요!"

동생이 우리를 집까지 바래다주었다. 집에 도착한 조단이 말했다.

"오늘 간 데는 정말 아름다운 곳이야. 거기서 결혼하면 참 좋을 거 같아."

한국에 온 지 한 달밖에 되지 않아서 많은 곳을 가보지는 않았지만, 그곳이 결혼식을 하고 싶을 정도로 아름다운 곳이라는 건 부정할 수 없는 사실이었다.

다음날 수업이 끝난 조단과 함께 전철을 타고 내가 찜한 약속 장소로 향했다. 아늑한 조명이 감싸고 있는 그곳은 사진에서 본 것보다 훨씬 아름다웠으며 친절한 웨딩플래너 담당자가 꼼꼼하게 모든 것을 설명해 주었다. 모든 게 내가 원하는 조건과 일치했다. 내가 준비할 게 하나도 없고 알아서 다 해준다고 말했다. 가장 중요한 식사도 마음에 쏙 들었다. 바로 내가 원하던 곳이었다.

전날 M 레스토랑을 가지 않았더라면, 나는 틀림없이 그곳과 계약했을 것이다. 그런데 하필이면 하루 전날 운명처럼 M 레스토랑에 간 것이었다. 그곳이 아무리 좋다고 해도 M 레스토랑의 멋들어진 야외 정원을 능가할 수는 없었다. 결국 나는 계획에도 없던 야외 결혼식을 하기로 결정하고 말았다. 다음날 S에게 전화를 했다.

"S야, 누난데 M 레스토랑에서 결혼식을 하기로 했어."

45살에 결혼하면 좋습니다

대학교 때였다.

집 앞에 백화점이 새로 생겨서 엄마랑 같이 놀러 갔는데, 오픈 행사로 사주풀이를 해주는 분이 계셨다. 엄마는 사주 보는 것도 안 좋아하시고 그런 걸 믿지도 않으셨지만, 이건 공짜니까 엄마랑 같이 가서 내 사주를 넣어보았다. 그분이 말씀하셨다.

"따님은 비행기를 타야 할 사주네예. 곧 비행기 타겠심더. 그라고 따님 은 큰 데 가서 사는 게 좋아예. 대구보다는 서울, 한국보다는 외국이 좋심 더. 역마살이 많이 꼈네예."

비행기를 탈 사주라는 말에 눈이 번쩍, 귀가 쫑긋해졌다.

'옛날부터 비행기만 보면 그래 눈물이 나오더만, 내가 비행기를 탈 팔 자였구만!'

그리고 나는 정말 비행기를 탔다. 대학을 졸업하기 전에 하고 싶은 일을 찾았고, 운 좋게도 시험에 합격해서 졸업하기 전부터 비행기를 타게 된 것이다.

공짜로 본 사주가 용하게도 나에게 들어맞았고, 나는 그때부터 '사주' 얘기가 나오면 귀가 쫑긋해졌다.

그러던 어느 날이었다. 당시 대기업에 다니던 친한 동생을 만났는데, 동생이 만나자마자 귀가 솔깃한 얘기를 하기 시작했다. 그녀도 경상도 출신이었다.

"언니야, 경복궁역에 철학관이 하나 있는데, 이 선생님이 하도 잘 맞춰서 우리 회사 사람들이 거기 엄청 많이 가서 사주를 봤다는 거 아니가. 승진은 기본으로 맞추고, 우리 회사에 불륜이 있었는데, 그것도 다 맞춰서 사람들이 깜놀했잖아. 거기는 녹음도 할 수 있어서 녹음해 놓고 나중에 들어보면 맞는 게 많다고 하더라. 나도 녹음해서 왔는데 나중에 다시 들어볼라고. 좀 비싸긴 한데 잘 맞추니까 언니도 한 번 가봐라. 근데 거기 손님이 많아서 예약하고 가야 된데이."

그러면서 본인 사주는 이랬다며 좋알좋알 이야기를 이어갔다.

"진짜가? 그 선생님이 그래 용하나? 거기 우리 회사랑 위치도 가깝네. 걸어가도 되겠다. 호호호."

나는 곧바로 용하다는 선생님께 예약했다. 그리고 2012년 7월의 어느 토요일에 그곳을 방문했다.

일단 그 용한 선생님의 자태가 맘에 들었다. 마로 지은 새하얀 한복은 얼마나 정성껏 다렸는지 빳빳하게 주름 하나 안 보였고, 얼굴에는 인자한 미소와 함께 편안함이 느껴지면서 우아하기까지 한 50대 신사의 모습이었다. 게다가 목소리는 어찌나 나긋나긋한지. 일단 첫인상은 합격!

간단히 인사를 나누고는 바로 본론으로 들어갔다. 나에게 주어진 시간은 한 시간이었다. 예약할 때 미리 내 사주는 알려드렸기 때문에 선생님께서 미리 모든 내용을 준비해 놓으셨고, 사주풀이를 시작하겠다고 말씀하셨다. 시작하기 전에 나는 허락을 받고 휴대폰을 꺼내어 녹음 기능을 작동시켰다.

"자, 준비되셨습니까? 그럼 시작하겠습니다. 사주풀이라는 것은….."

나지막한 목소리로 천천히 따박따박 사주풀이를 하셨다. 사주풀이는 40분 정도 계속되었고, 중간에 두 가지 질문을 하셨다.

"태어난 곳이 어디입니까?"

"한국입니까?"

"아? 네, 한국 맞아요."

"한국을 비하하는 게 아니라 본인에게는 한국이 어두운 나라입니다. 그래서 한국에서 해가 뜰 때 밤이 되는 반대의 나라에서 사는 게 좋습니다. (…중략…) 자 이제 사주풀이는 끝이 났습니다. 궁금한 게 있으면 질문하십시오."

아무래도 혼기가 지난 싱글 여성의 최대 고민은 결혼이라, 사귀던 남자와의 미래에 관해서 물어보았다.

"이분은 아닙니다. 본인은 지금 결혼하면 안 됩니다. 지금은 그냥 엔조이만 하십시오."

"네? 지금도 결혼하기에 늦은 나인데, 엔조이만 하라고요? 대체 전 언제까지 엔조이만 해야 하나요?"

"지금은 때가 아닙니다. 제가 말씀드린 대로 본인은 2016년 후반부터 안개가 조금씩 걷히기 시작해서 2018년, 그러니까 45세 때네요. 그때 결혼하는 것이 좋습니다."

사주를 보면 나는 태양인데, 물 위에 있을 때 가장 빛나는 태양에 안개가 껴서 태양이 잘 안 보이기 때문에 지금은 뭘 해도 힘든 시기여서 회사 일도 연애도 힘들 거라고 말씀하셨다. 당시 나는 퇴사를 고민할 정도로 회사에서 힘든 일이 있었는데, 그 상황을 설명하며 퇴사해도 될지 물어봤더니 이렇게 말해주었다.

"지금 밖이 시베리아 벌판인데 어디를 가려고 하십니까? 나가면 얼어 죽습니다. 일 년만 참으십시오!"

그 말을 듣고는 기가 막혔다. 하지만 사주풀이 한 내용이 여러 가지로 당시 나의 상황과 잘 맞아떨어져서 이 선생님의 말씀에 왠지 믿음이 갔다. 사주풀이를 시작하기 전에 하신 말씀도 마음에 와닿았다.

"사주풀이를 맹신할 필요는 없고, 내 사주를 알고 나면 무엇을 조심해야 할지 알게 되므로 그걸로 위험할 때나 힘들 때를 잘 극복해 나갈 수가 있습니다. 하지만 결국 본인의 의지가 가장 중요한 것입니다."

내가 선생님을 처음 만난 게 2012년이었고, 그때는 결혼하면 좋다는 2018년이 까마득하게 느껴졌는데, 어느새 시간이 흘러 흘러 2017년이 되었다. 사주풀이 때문인지 나는 그동안 엔조이만 하다가 연애도 재미가 없고 싫증이 나서 회사 일과 공부만 하면서 45살에 결혼한다는 것과 점점 멀어지는 삶을 살고 있었다.

그러다가 2017년 9월 말, 역대 최대의 추석 황금연휴였던 그때 나는 7개월 전에 예약해 놓았던 아바나행 티켓으로 혼자 휴가를 보내러 쿠바에 가게 되었다. 대부분의 휴가를 혼자 편안하게 휴식하는 여행으로 보냈기 때문에, 특별한 행위는 아니었다. 쉬러 간 거라 복잡한 아바나가 아닌 근교 바닷가 시골 마을의 한 까사에서 약 2주간의 휴가를 보내다가, 한국으로 떠나기 34시간 전에 아바나의 길거리에서 우연히 한 남자를 만나게 되었다.

다음날 우여곡절 끝에 그가 나를 찾아와 다시 만났을 때 그의 나이를 알게 되었고, 자그마치 14살이나 어리다는 사실을 알게 된 순간 바로 마음을 접었다.

'참 괜찮은 친구인 것 같은데, 그냥 좋은 사람으로 남겨둬야겠어.'

나이가 들수록 편안한 친구 같은 남자가 좋았고, 그런 남자와 결혼하고 싶다는 생각을 마음속에 품고 있었다. 선생님의 말씀 또한 생각났다. 나이 차가 많이 나거나 너무 어린 남자는 힘들다고, 특히 어린 남자를 만나면 내가 돈을 다 쓴다고 하셨다. (그것도 맞추셨다!)

하지만 운명을 거역할 수 없었는지 나는 결국 한참 연하인, 지구 반대편 길거리에서 우연히 만난 그 남자와 결혼했다. 내 나이 45살에.

이 남자와 결혼하기로 결정했을 때, 어린 남자와 결혼하면 힘들 수도 있다는 선생님의 말씀이 생각났지만, 무시하기로 했다. 선생님이 해주신 다른 말씀이 떠올랐기 때문이었다.

"본인은 의지가 아주 강해서 원하는 건 뭐든 할 수 있습니다."

나는 태양이고 의지가 아주 강해서 내가 원하면 어떤 일이든 할 수 있고, 돈도 원하는 만큼 번다고 말씀해 주셨다. 믿기 힘들어서 몇 번을 여쭤

봤지만, 선생님의 대답은 한결같았다.

"네, 그렇습니다."

선생님 말씀대로 사주란 걸 맹신할 필요는 없다. 단, 나에게 도움이 되는 내용은 참고하고 조심할 건 조심하면 된다. 결국 내 인생은 내가 만들어가고 결정하는 것이니까. 그러니 순간순간 최선을 다해야 한다. 내가 앞으로 이루어나갈 꿈에 조금씩 다가가면서 말이다.

Chapter 3

쿠바에 살아요

쿠바에서 맞이한 첫번째 생일

우연인지 몰라도 나의 절친과 나는 둘 다 9월생이어서, 몇 해 전부터 생일을 함께 보냈다. 9월의 주말 중 둘이 동시에 가능한 날짜를 정해서 호텔에서 일박을 하면서, 맛난 음식도 먹고 그동안 바빠서 하지 못했던 얘기도 밤새 하며 휴식을 취했다. 코로나 시대에 인기가 많아진 호캉스를 우리는 오래전부터 하고 있었던 것이었다.

그렇게 함께 생일을 보내다가 내가 먼저 결혼했고, 쿠바에서의 첫 번째 생일을 맞이하였다. 쿠바에 와서는 친구와 연락이 뜸했는데, 생일 며칠 전에 친구에게서 연락이 왔다.

　"린다야, SNS에 올린 그 부티크 호텔 보니 가보고 싶더라. 일박에 얼마나 해?"

　당시 살고 있던 집 옆에 아주 예쁜 부티크 호텔이 하나 있었는데, 어느 날 그곳에 갔다가 룸쇼를 보게 되었다. 방이 총 네 개뿐인데, 각 방의 디자인과 콘셉트가 모두 달랐다.

　첫 번째 방부터 너무 예뻐서 '여기가 쿠바 맞나?'라는 생각을 하며 열심히 사진을 찍어댔는데, 3층에 홀로 있는 스위트 룸의 문을 여는 순간 말레꼰 바다가 눈앞에 좌악 펼쳐지며 그야말로 "와!!" 하는 탄성이 절로 나왔다.

　스위트 룸에는 프라이빗 바(bar)가 있어서 친구들끼리 파티하기에도 아주 좋았다. 확 트인 말레꼰 바다 전망에 넓은 거실, 그리고 감각적인 침실과 큼직한 욕조, 하늘이 보이는 샤워실까지 쿠바에서 좀처럼 보기 힘든

인테리어였다. 아니나 다를까, 주인이 쿠바 음악가와 결혼한 프랑스 예술가라고 했다. 어쩐지…. 그곳은 마치 파리의 부티크 호텔을 아바나에 그대로 옮겨 놓은 듯했다.

그 멋진 모습을 SNS에 올렸더니 친구가 그것을 보고 연락한 것이었다. 친구에게 비수기와 성수기 가격을 알려주었다. 그러자 다음날 친구에게서 회신이 왔다.

"네 생일선물로 일박 선물하려고. 조단과 함께 보내. 너 부담 안 되게 난 비수기 요금으로 쏠게. 그러잖아도 생일선물 어찌할까 생각했는데…."

퇴사 후 아직 이렇다 할 경제활동을 하지 않고 쿠바에서 백수로 지내고 있던 나는 친구의 생일에 변변한 선물 하나 못했는데, 이런 귀한 선물을 받으니 어찌나 고맙고 미안하던지 몸 둘 바를 모를 지경이었다. 하지만 내 맘을 잘 헤아리는 속 깊은 친구가 생각해서 준 선물이라 고맙게 받기로 했다. 다행히 9월은 비수기여서 부담을 덜 수가 있었다. 친구에게 고 마워하며 생일 날짜로 스위트 룸을 예약했다.

생일이 되었다. 아바나에서 알게 된 한 동생의 어머니가 한국에서 잠시 방문하셨는데, 마침 미역국을 끓여 둔 게 있으시다며 생일날 먹으라고 챙겨 주신 덕분에 생일에 미역국까지 먹는 호사를 누리게 되었다. 쿠바에서 말이다. 감동적인 미역국에 밥을 말아서 얼갈이김치랑 배불리 먹고 난 후 설거지를 하는데 누군가가 우리 집에 방문했다. 누구지?

"Linda, felicidades(린다야, 축하해)!"

시어머니가 현관문을 열고 활짝 웃으며 들어오셔서 나를 안고 볼뽀뽀를 하고는 비닐봉지 하나를 내밀었다. 시할머니와 시어머니가 각자 나의 생일선물을 준비하셨고, 거동이 자유롭지 못한 시할머니를 대신해서 시어머니가 대표로 축하해 주러 오신 것이었다. 쿠바에서 결혼할 때는 선물 주는 이가 아무도 없어서 조금 서운했는데, 생일은 달랐다.

가슴 벅찬 축하와 함께 선물까지 준비해 오셔서, 나의 탄생일을 집안에 무슨 대단한 경사가 난 듯이 기뻐하시는 모습을 보니 나도 덩달아 신나 버렸다. 시어머니가 빨리 선물을 열어보라고 하셔서 하나씩 열어보았다. 어머니 선물은 'Cuba' 글씨가 새겨진 작은 커피잔 세트와 잔을 걸어 두는 행어였고, 할머니 선물은 요리사 남자 조각과 촛대였다. 남편은 자신의 선물이 너무 예뻐서 내일까지 기다릴 수가 없다며 전날 미리 주었는데, 남녀가 안고 있는 조각이랑 작은 꽃과 초 받침 같은 거였다. 선물들이 어쩜 이리도 아기자기한지! 쿠바스러움이 한껏 느껴지는 선물들이었다.

남편도 시어머니도 시할머니도 모두 한참을 고심하며 선물을 골랐을 걸 생각하니, 그 마음이 너무나 소중하고 고마워서 가슴이 따뜻해져 왔다.

'어머니께 뭘 좀 드리면 좋을까?'

냉장고 안을 살펴보니 계란과 버터를 사놓은 게 있어서 챙겨 드리고는 남편이랑 셋이 잠시 대화를 나누고 있는데 시할머니께서 전화로 생일 축하를 해 주셨다. 남편이 가장 사랑하는 외할머니는 12남매 중 첫째여서 그런지 참 점잖고 진지하신 분이다. 아흔이 다 되어가는 외할머니는 지금도 시를 쓰는 '문학소녀'이기도 하다.

어머니가 집으로 돌아가시고 우리는 친구가 선물해 준 호텔에 갈 준비를 했다. 우리 집 바로 옆인 그곳에 1박 2일 동안을 가는데, 남편은 할머니가 만들어주신 타말레(옥수수로 만든 음식)를 챙기더니 물값이 비싸다며 정수기(내가 한국에서 가져온 브리타)까지 챙겼다. 부티크 호텔에 가는데 별걸 다 알뜰하게 챙기는 남편을 보니 어찌나 귀엽던지!

'그래. 아껴야 잘 살지!'

그 호텔에서는 무료 인터넷을 제공한다고 해서 노트북까지 챙겨갔다. 혹시나 인터넷으로 할 일이 있을까 봐 챙기긴 했는데, 결론적으로 우린 노트북은 꺼내 보지도 않고 고스란히 가져왔다.

2시가 좀 넘어 남편과 함께 체크인했다.

스위트 룸 문을 열자 남편 눈이 그야말로 휘둥그레지며 무척이나 놀란 표정을 지었다. 하지만 직원이 옆에 있는 탓에 남편은 과하게 표현하지 않고, 아무렇지도 않은 듯 점잖게 둘러보았다.

직원이 떠나고 나서 내가 "자기, 좋아?"라고 묻자 "그걸 말이라고 해? 여길 누가 안 좋아할 수 있겠어? 정말 엄청나다!"라며 그제야 함박웃음을 보이고는 너무 좋다고 했다.

직원은 룸 사용법을 설명한 후, 웰컴 드링크로 듣도 보도 못한 쿠바 칵

테일을 만들어주었다. '펀치 삐라따(Punch Pirata)'라는 이름을 가진 생강
과 꿀, 그리고 라임에 슈냅스를 섞어 놓은 칵테일이었다. 내 스타일의 술
은 아니었지만, 공짜니까 맛나게 잘 마셨다. 그리고는 무료 와이파이 비
밀번호를 받아서 각자의 휴대폰에 인터넷을 연결했다.

쿠바는 인터넷 사용에 제한이 많은 국가라 여행을 오는 분들이 종종 인
터넷 사용에 어려움을 호소한다. 한국처럼 모든 장소에서 인터넷을 사용
할 수 있는 게 아니라 '인터넷 공원'으로 지정된 곳이나 와이파이 신호가
있는 특정 장소에서만 인터넷을 사용할 수 있다. 인터넷을 사용하기 위
해서는 인터넷 카드가 필요한데 이 카드는 통신사(ETECSA)나 일부 호텔
에서 구입할 수 있다. 카드가 준비되면 카드 뒷면에 숨겨져 있는 두 군데
의 번호를 동전으로 살살 긁어낸 후 'wifi etecsa'로 연결되면 사용번호

와 비밀번호를 각각 입력한다. 잠시 후 인터넷이 연결되면 '완료'를 누르고 사용하면 된다. 바람이 많이 불면 인터넷이 끊기기도 한다. 그러면 다시 사용번호와 비밀번호를 눌러서 연결해야 한다. 귀차니즘의 연속이다.

그러던 쿠바에 새로운 바람이 불었다.

바로 3G의 출현이었다. 그것도 내 휴대폰에! 2019년 2월에 일어난 인터넷 혁명이었다. 쿠바 전화번호가 있고 휴대폰 기종이 맞으면 인터넷 공원에 가지 않고 집에서도 인터넷을 할 수가 있는 시대가 도래한 것이다. 하지만 돈이 있는 사람만 이 혜택을 누릴 수가 있다는 게 함정이었다. 심카드 자체가 40쿡, 즉 한화로 5만 원이 넘으니 월급이 3, 4만 원인 일반인들은 엄두도 내지 못할 일이었다. 1기가에 10쿡(만2천 원), 2.5기가에 20쿡(2만4천 원), 4기가에 30쿡(3만6천 원)이니 3G로 유튜브를 시청하는 건 부자만이 할 수 있는 일이었다.

게다가 3G가 모든 곳에서 빵빵 터지는 게 아니라 속도가 느리고 잘 안되는 곳(우리 집)도 있어서, 인터넷 사용이 그리 원활하지는 않았다. 그럼에도 불구하고 집안에서, 더욱이 침대에서 인터넷이라니…. 참으로 감격스러운 일이었!

우리는 말레꼰이 보이는 거실의 넓은 소파에 서로 기대어 눕다시피 하고는 각자 인터넷을 하기 시작했다. 하지만 인터넷 신호가 약해서 유튜브를 보는 건 쉽지 않았고, 30초짜리 동영상을 카카오톡으로 보내는 것도 포기했다. 나는 한국에서 한참 이슈가 되는 뉴스들을 찾아보았다. 그러다 우리 둘은 깜빡 잠이 들어 버렸다. 잠에서 깬 남편은 외국에 있는 가족과 친구들에게 영상전화를 해서 그동안의 안부를 물었고, 오늘이 린다 생일이라며 축하해달라고 해서 나는 본 적도 없는 사촌들과 친구들의 축하까지 듬뿍 받게 되었다.

저녁이 되어 남편의 절친이 호텔에 왔다. 이 좋은 곳을 둘만 누리기에 너무 아까워 내가 저녁 식사에 초대하자고 했기 때문이었다. 생각보다 늦게 도착한 친구는 버스가 없어서 멀리서 걸어왔다고 했다. 석유가 부족해서 버스 운행을 반으로 줄인 탓이었다. 호텔에 도착한 친구 역시 반응은 같았다. 믿을 수 없다는 듯 온몸으로 감탄하며 사진을 찍기 시작했다.

밤이 되자 비마저 내 생일을 축하해 주었고, 그 덕분에 우리는 스위트 룸 발코니에서 오붓한 식사를 했다. 그곳에는 생전 처음 보는 요리가 있었는데, 바로 초콜릿으로 요리한 돼지고기였다. 돼지고기에 초콜릿이라니…. 과연 이게 맛이 있을까? 하면서도 호기심에 주문해 보았다. 처음 먹어보는 아주 오묘한 맛이었다. 분명 초콜릿인데 그리 달지는 않았다. 장조림처럼 찢어 놓은 부드러운 돼지고기 씹히는 질감에 다크 초콜릿 맛의 완벽한 조화였다. 단 걸 별로 좋아하지 않는 내 입맛에도 최고였다!

알뜰한 남편이 맥주, 와인, 그리고 쿠바 전통주까지 종류별로 술을 챙겨 와 셋이 한 잔 하고 나니 이루 말할 수 없이 기분이 좋았다. 시간이 흐르자 우리는 춤과 음악으로 하나가 되었다. 말레꼰 앞 넓은 발코니에서 밤 파도 소리와 함께 추는 춤은 낭만 그 자체였다. 새벽 한 시쯤 되어 친구는 집으로 돌아갔고, 우리는 대충 정리하고 널찍한 침대에 몸을 맡겼다. 키가 큰 탓에 남편의 발은 늘 침대 밖으로 쑥 나와 있는 게 정상인데, 이 침대는 남편의 발도 커버가 될 만큼 큼직했다.

아, 얼마 만에 제대로 된 침대에 누워보는 건지!

인간의 기본적인 욕구 중에서 나에게 1번은 언제나 수면욕이었다. 먹는 것보다 자는 게 더 중요한 내게는 침대가 너무나도 중요한데, 쿠바에 온 지 10개월 동안 제대로 된 침대에서 자 본 적이 몇 번 없었다. 렌트하는 집에 있는 침대들은 대부분 오래되다 보니, 아무래도 매트리스 상태가 안 좋을 수밖에 없었다.

최고급 침대에서 편안하게 푹 자고 느지막하게 아침을 맞이했다. 조식은 10시로 신청해 놓았다. 커피 종류부터 조식에 해당하는 메뉴를 그 전날 주문해놓은 상태였다.

모든 음식을 한꺼번에 달라고 요청을 했더니 발코니 식탁에 음식이 차려지기까지 40여 분이 걸렸다. 음식이 나오기 시작했고, 테이블에 자리가 모자랄 정도였다. 말레꼰 파도 소리와 함께 하는 근사한 아침 식사였다. 세찬 바닷바람에 파라솔이 흔들리자, 혹시라도 테이블이 넘어질까 봐 대를 꽉 붙잡고 있는 나를 보고는 남편과 서빙하던 직원이 안 넘어갈테니 걱정 말라며 웃었다.

등이 따가울 정도로 햇살이 비추었지만, 우리는 파라솔 그늘 아래에서 여유롭게 그 많은 음식을 싹 다 비웠다. 원래는 체크아웃이 12시인데, 내가 생일이라고 해서인지 한 시간 연장해 주었다. 한 시간의 여유가 주어지자, 남편이 큼직한 자쿠지에 물을 받기 시작했다. 예전에 6개월간 살았던 집에 욕조가 있긴 했으나 그건 한낱 장식에 부족해서 한 번도 사용해본 적이 없었다. 무엇보다 물이 부족한 쿠바에서 목욕은 사치였다. 그런데 그날 그 부티크 호텔에서 우리는 그런 사치를 잠시나마 누려 보았다. 따뜻한 물에 몸을 푹 담그자 그동안의 묵은 에너지가 말끔히 사라져 버리는 것만 같았다. 자쿠지를 마지막으로 스위트 룸에 있는 시설은 거의 다 사용해 보았고, 1시가 되자 미련 없이 인사를 하고는 집으로 향했다.

친구 덕분에 쿠바에 온 이래 최고의 호사를 누리게 되었다. 생각지도 못

했던 미역국에, 쿠바 가족들의 신나고 따뜻한 축하를 받으며 쿠바에서의
첫 생일은 더 이상 행복할 수 없을 만큼의 많은 사랑과 함께 막을 내렸다.

　나는 다시 현실로 돌아왔다. 그리고 혼잣말을 했다.

　"더 많이 감사하고, 더 많이 베풀어야겠어!"

남편이 머리를 잘라줬어요

목요일 밤이었다. 남편에게 말했다.

"자기, 나 머리 자르고 싶어."

"아, 그래? 그럼 내일 자를까?"

다음 날 아침이 되었다.

"자기, 머리 잘라줄 거지?"

"네, 여기 오세요!"

바닥에 신문지 몇 장을 깔고 나는 거울 앞에 서고, 내 등 뒤로 키가 큰 남편은 의자에 앉았다. 한국의 미용실에서는 분무기로 머리카락을 적신

후 자르는데, 분무기를 가져다주니 필요 없다고 하면서 남편은 마른 머리카락을 그냥 잘랐다. 그것도 옷 위에 그대로 말이다.

오 분도 채 못 되어, 다 잘랐다고 했다. 뒷모습 사진을 찍어서 제대로 잘랐는지 확인시켜 주었는데, 자로 잰 듯 반듯이 잘 잘랐다.

"오, 잘 잘랐는데? 고마워요!"

"자기 예뻐!"(남편 단골 멘트다.)

긴 머리를 싹둑 잘라내자 한 움큼의 머리카락이 나왔다. 남편은 잘린 내 긴 머리카락을 자신의 짧은 머리 뒤에 대고는 말했다.

"자기, 내 머리 어때?"

"하하하, 멋져! 자기한테 딱이네! 그냥 붙여줄까?"

내가 머리카락을 버리려고 하자, 그가 보관하겠다고 했다.

"왜 보관하려고?"

"그냥 그러고 싶어서."

'본인의 첫 작품(엄밀히 말하면 두 번째)을 고이 간직하고 싶나 보네.' 하면서 지퍼백에 내 머리카락을 고이 담아 남편에게 건네주었다.

남편은 군대에 일 년 동안 있을 때(의무다) 이발병의 업무를 한 적이 있어서, 본인의 머리카락도 직접 자르고 할머니 머리카락도 잘라주곤 한다. 게다가 우리가 여행할 때 만난 한 캐나다 아저씨의 머리카락을 잘라준 적도 있다. 같은 숙소에 머무는 분이었는데, 남편의 헤어스타일이 마음에 든다고 하며 어디에서 이발을 했는지 물어보았다. 남편이 직접 잘랐다는 말에 아저씨는 과감히 자신의 머리를 맡겼고, 남편은 임시 이발소를 차린 듯 오래된 헤어 전용 가위를 가져와서 아저씨의 머리카락을 정성껏 멋지게 잘라주었다. 남편의 실력에 감탄한 아저씨가 감사의 표시로 돈을 주려고 하자 (내가) 괜찮다고 하며 받지 않았지만, 남편은 돈보다 몇 백 배나 큰 뿌듯함을 느꼈을 테다. 꼼꼼한 성격의 남편에게는 이런 세심한 일이 잘 맞는 듯했다.

머리카락이 꽤나 빨리 자라는 편인 나는 조금만 더우면 머리를 꽁지머리로 해서 잔머리는 핀으로 고정해야 직성이 풀린다. 걸리적거리는 걸 아주 싫어하는 성격 탓이다. 그러다 보니 바람이 많이 불고 여름이 7개월이 넘는 이 나라에서 머리를 풀고 다닐 일이 별로 없었다.

이곳은 물이 귀하고 샤워기에 물도 시원스럽게 안 나와서 긴 머리를 감을 때마다 고생하는 나로서는 싹둑! 머리를 자르고 나니 기분이 날아갈 듯 가벼웠다. 게다가 남편 덕에 공짜로 후딱 잘라서 기쁨이 두 배로 상승하였다.

'아, 진작 자를걸!'

산뜻한 건 내 마음뿐만이 아니었다. 머리를 감는 시간과 말리는 시간, 게다가 물도 절약되면서 크게 보면 환경까지 살리게 된 거였다.

내가 원하는 대로 장도 봐주고 머리도 잘라주고, 내 맘대로 나갈 수 없는 때에 나를 대신해서 모든 걸 해주는 남편은 진정한 나의 아바타였다. 고마워요, 나만의 아바타님!

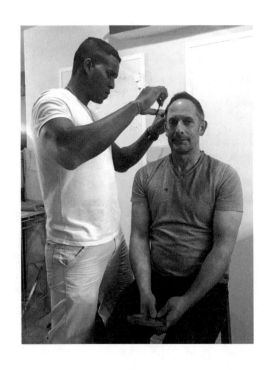

쿠바 김치녀는 나야, 나

지금으로부터 20여 년 전에 나는 멕시코에서 일 년을 살았다. 그때는 멕시코에 한국인들이 별로 없었던 때여서, 지금과는 달리 김치를 파는 곳도 딱히 없었다. 더구나 나는 수도인 멕시코시티가 아닌 남쪽의 다른 도시에 살았던 터라, 김치를 먹기 위해서 엄마 찬스가 필요했다. 당시에는 인터넷이 활발하지 않아 엄마에게 국제 전화를 해서 김치 담그는 법을 물어본 후, 큰 재래시장에 가서 배추 두 포기와 바람 빠진 시들한 무 하나를 사 가지고 와서 생애 첫 김치를 담가 보았다.

그리고 20년이 지난 지금, 나는 쿠바에서 새로이 김치를 담그게 되었다.

어쩌다 보니 내 반쪽이 쿠바 사람이었고, 이 남자와 결혼해서 쿠바에 살러 오기 전에 나는 서울에서 회사에 다니며 열심히 일하느라 눈코 뜰 새 없이 바빠서 김치를 담그기는커녕 엄마가 지방에서 보내주시는 김치조차 부담스러울 정도였다.

그런 내가 이곳에서는 김치 재료만 보면 환장하고, 김치를 담글 때 어쩜 그리도 행복한지…. 정말 인생은 오래 살고 볼 일이다.

운송, 저장 기술이 부족한 쿠바에서는 제철 채소만 먹을 수 있는데, Col China(꼴 치나, 중국식 양배추)라고 불리는 우리의 김치 재료인 배추는 겨울인 12월부터 3~4월까지만 판매된다. 그런데 배추를 판매하는 시장은 몇 군데 없어서, 겨울이면 나는 차를 타고 배추를 판매하는 크고 비싼 시장으로 가서 장을 봐 온다. 뭐니 뭐니 해도 김치의 꽃은 배추김치가 아니던가!

특히 상태 좋은 배추를 사기라도 하는 날에는 온 동네 사람들에게 자랑하고 싶을 정도로 기분이 좋았다. 쿠바인들은 배추를 잘 모르고, 한국에 있는 친구들은 나의 이 소소한 기쁨이 별로 와닿지는 않겠지만 말이다.

내가 사는 아파트의 부엌은 두 사람이 함께 있으면 답답할 정도로 좁은 데다 김치를 담글 큰 대야가 없어서 세숫대야 두 군데에 한 포기씩 절여서 담가야 했다. 그러니 포기김치를 담그는 건 꿈도 꿀 수가 없어서 그동안 겉절이만 줄곧 담갔다. 그러던 어느 날, 한국인 아저씨 한 분이 쿠바에서 포기김치를 담그시는 걸 보고는 나도 배추를 4등분해서 포기김치를 담가 보았다. 포기김치라니! 이런 발전적인 모습은 나를 흥분시키기에 전혀 부족함이 없었다.

이곳에도 코로나바이러스 바람이 불기 시작하자, 불안한 마음에 두 번에 걸쳐 대대적으로 김치 일곱 포기를 담갔다. 끊어질 듯한 허리를 잘 다독여가며 기쁜 마음으로 김치를 담긴 했는데, 김치통이 없어서 한 포기씩 비닐에 꽁꽁 싸서는 공사하는 집에 있는 큰 냉장고에 잘 보관해 두었다. 외국인은 외출 금지라 나갈 수가 없는 때에 그걸 예상하고 미리 담근 김치만 생각하면 마음이 얼마나 든든한지 모른다.

쿠바에 오기 전 나는 얼갈이가 어떻게 생긴 건지도 몰랐고, 얼갈이김치를 먹어 본 적도 없었다. 그런데 이곳에 있는 몇몇 한국인들이 배추가 없어서 얼갈이로 김치를 담근다는 얘기를 듣고 인터넷에서 레시피를 찾아서 얼갈이김치도 담가 보았다.

'어라, 얼갈이도 맛나네!'

그때부터 배추가 없을 때 가장 만만하게 담그는 게 얼갈이김치가 되었다.

여름에는 얼갈이 상추 외에 파가 많이 나오는데, 한국의 대파처럼 큼직한 건 없고, 쪽파보다 좀 더 크거나 비슷한 크기가 대부분이다. 파 상태가 좋아서 여름에는 파김치를 많이 하게 되었다. 당연히 파김치도 이곳에서 처음으로 담가 보았는데, 다른 김치들과는 달리 파김치는 멸치 액젓으로 절인다는 사실을 알게 되었다. 나는 무언가 새로운 발견이라도 한 듯이 괜히 으쓱해서, 만나는 사람들마다 그 사실을 아는지 물어보며 혼자 자랑스러워 했다. 그게 뭐라고!

하지만 파김치에는 치명적인 단점이 하나 있었으니 바로 냄새였다. 절일 때부터 멸치 액젓을 사용하니 파김치를 하는 날이면, 남편이 온 창문을 다 열고 환기를 시키느라 고생한다. 한국인인 나도 그 냄새는 견디기가 힘든데, 하물며 외국인인 남편은 오죽할까? 지독한 액젓 냄새로 힘들어도 김치를 담글 때 내가 가장 행복해하는 걸 아는 착한 남편은 한마디 불평도 하지 않고 이렇게 물어본다.

"자기, 행복해요?"

"네, 너무 행복해요!"

쿠바에서 김치를 담글 때 무척이나 행복한 '쿠바 김치녀'는 오늘도 얼갈이김치를 밥 위에 놓고 계란프라이 하나를 얹은 후 참기름을 한 방울 톡하고 떨어뜨려 쓱싹쓱싹 아주 맛나게 비벼 먹는다.

남편은 분명 전생에 한국인이었을 거야

　코로나19로 외국인의 외출이 금지되자 나의 아바타를 자처한 남편이
이 상점, 저 상점 앞에 줄을 서서 힘들게 식재료를 구해온다. 그러면 나는
그 귀한 것을 최대한 맛있게 요리해서 둘이 사이좋게 나눠 먹는다. 요리
하다 문득, 요즈음 내 삶이 남편이 먹거리를 구해오면 아내가 그걸 요리
해서 먹는 원시인의 삶과 닮았다는 생각이 들면서 혼자 피식 웃곤 한다.

　평소에도 먹을 게 부족한 곳이라, 코로나바이러스 발병 후 더더욱 음식
구하기가 힘들어질 거라는 걸 예감한 나는 남편에게 다니다가 먹을 만한
게 눈에 띄면 무조건 다 사 오라고 했다. 그래서 남편은 토마토소스, 액상

우유, 식용유, 참치캔 등 먹을 만한 게 있으면 하나씩 사 왔는데, 며칠 전에는 렌틸콩 한 봉지를 사 왔다. 렌틸콩이 몸에 좋다는 것까진 알고 있었는데, 슈퍼푸드라는 건 이번에 알게 되었다. 요즘은 고기 구하기가 하늘의 별 따기라, 채식주의자들이 고기 대용으로 먹을 만큼 단백질이 풍부하다고 하는 이 렌틸콩을 밥에 넣어 밥도 짓고, 카레에 넣어 렌틸콩 카레도 만들었다. 콩을 좋아하는 내게는 나쁘지 않았다. 점심을 먹으려고 남편을 불렀다.

"자기, 밥 먹어요!"

"네!" 하며 식탁에 와서 앉더니 렌틸콩 카레밥을 보고는 한국말로 또박또박 이렇게 말했다.

"자기, 긴치 없어?"

어려운 단어는 아닌데, 남편은 발음이 새어서인지 김치를 '긴치'라고 발음했다.

"김치? 조금 있긴 한데, 많이 신 것밖에 없네."

그리고는 지난 2월에 한국에서 오신 분께서 주셨던, 비상시에 먹으려고 꿍쳐 놓았던 '볶음김치' 한 봉지를 보물창고에서 꺼내어 그릇에 담았다. 볶음김치는 처음 먹어봤을 텐데 남편이 한 젓가락을 먹더니, "너무 맛있어!" 하고는 카레밥과 함께 한 봉지를 다 먹어버렸다.

쿠바인들은 단 음식을 아주 좋아한다.

남편도, 시어머니도, 시할머니도, 길거리 아이들도, 박물관에서 일하는 아주머니들도 모두 까라멜로(사탕)를 무척이나 좋아한다. 박물관에 가서 혼자 두리번거리면 그곳에서 일하는 아주머니가 다가와 친절하게 나의 존재를 파악한 후, 설명은 후다닥 하고는 한결같이 묻는 말이 "너, 까라멜로 있어?"였다. 그 사실을 알고부터 한국에서 오는 지인들이 선물로 주는 개별 포장 초콜릿이나 사탕을 가방에 몇 개씩 넣어 다니면서 설명이 끝나면 하나씩 주곤 했다. 한국에서 가져온 거라고 하면 다들 좋아했다. 사회주의 국가인 쿠바도 K드라마 열풍을 비껴갈 수가 없었던지라 아주머니들이 드라마를 통해서 한국을 잘 알고 있기 때문이다. (미래에 쿠바 여행 계획이 있으신 분들에게 개별포장 사탕은 강추다. 특히 추파춥스는 아이들에게 인기가 좋다. 초콜릿은 더운 날씨에 녹아버려 효과적이지 않다.)

남편도 쿠바인이라 둘째가라면 서러울 정도로 달달구리를 좋아하는데, 그런 남편이 최근 들어 이런 말을 했다.

"자기, 나 이제 단 거 먹고 나면 매운 게 당겨. 그래서 단 거를 많이 못 먹겠어."

"응? 뭐라고? 왜 내가 하는 말을 따라해?"

나는 깔깔대고 웃었다. 그러자 남편이 진지한 표정을 지으며 정말이라고 얘기했다.

그것은 농담이 아니라 진짜였다.

6개월 동안 한국에서 나와 함께 살았던 남편은 한국 음식을 아주 좋아한다. 가장 좋아하는 한국 음식이 된장찌개이고, 청국장찌개도 바닥까지 긁어서 먹는다. 나야 한국 사람이고 된장이랑 청국장을 워낙 좋아해서 바닥까지 긁어먹는다고 해도, 매운 거, 냄새나는 거를 잘 못 먹는 게 정상인 쿠바인이 너무 맛있다며 싹싹 긁어먹고 후루룩 마시니, 신기하기도 하고 기특하기도 해서 그런 남편의 모습을 볼 때면 나도 모르게 빙그레 웃음 짓게 된다.

처음 쿠바에 살러 왔을 땐 짐이 너무 많아서 음식이라고는 달랑 작은 통에 든 고춧가루 하나밖에 없었다. 그 귀한 고춧가루를 아껴 먹다가 어느 날부터 비행기를 타고 이웃 나라 멕시코에 가서 장을 보기 시작했다. 한식 재료라고는 전혀 없는 쿠바와는 달리 멕시코시티에는 한인 마트들이 여럿 있어서 한식 재료들을 살 수 있기 때문이다. 그 덕분에 나의 부엌은 삼 개월마다 된장, 간장, 고추장, 멸치 액젓, 고춧가루, 새우젓 등의 한식 재료들로 채워졌다. 보기만 해도 든든한 보물 같은 식재료들이었다.

한국에서도 주말에 간간이 요리를 하긴 했지만, 한식보다는 조리법이 간단한 다른 나라 음식이었다. 그런데 이국만리, 먹을 게 귀하고 요리법이 다양하지 않은 나라에 살다 보니 한국 음식이 더 먹고 싶어졌고, 그래야 살 수 있을 것 같았다. 늘어가는 내 나이도 한 몫 했을 테다. 20대에 외국살이를 할 때에는 한식을 먹지 않아도 괜찮았으니 말이다.

인터넷을 연결해서 레시피를 하나씩 찾아보기 시작했다. 시작은 양배추김치였다. 배추는 당연히 없는 줄 알았으니까 양배추김치로 만족했다. 그러다가 멕시코시티 한인 민박집에서 우연히 만난 한국인으로부터 아바나에 배추 파는 시장이 있다는 걸 듣게 되었고 가보니 정말 배추가 있었다. 먼저 세 포기를 샀다. 인터넷에서 레시피를 찾아서 시키는 대로 겉절이를 담가 보았다. 생각보다 맛있었다. 그때부터 나는 초록색 잎들만 보면 '저걸로는 김치를 만들 수 있을까?' 하며 김치 만들기에 푹 빠져 헤어나오지 못하는 '쿠바 김치녀'가 되어 버린 것이다.

멸치액젓 냄새가 온 집에 배어 김치를 하는 날이면 남편은 그저 창문을 열며 김치가 완성되기를 바라고 있다. 몇 시간이 지나 김치가 완성되면, 어릴 적 엄마가 김장이 끝나면 나에게 해 주셨던 것처럼 손으로 겉절

이 하나를 쭉 찢어서 모락모락 김이 나는 하얀 쌀밥 위에 올려 남편의 입에 넣어준다.

"맛있어?"

"응, 너무 너무 맛있어!"

남편은 몸을 부르르 떨면서 온몸으로 반응을 한다. 예전에 남편은 김치를 그렇게까지 좋아하지 않았기 때문에, 이 격한 반응은 온종일 힘들게 김치를 담그고 뿌듯해하는 나를 기쁘게 해 주기 위한 배려심이었다.

그런데 지난 달인가, 내가 먹으려고 김치찌개를 한 적이 있었다. 그전까지 나는 남편이 김치를 그다지 좋아하지 않는다고 생각해서 김치찌개는 남편이 없을 때 혼자 해 먹었다. 보통 참치를 넣고 김치찌개를 끓이는데, 그날은 냉동실에 조금 남아있던 돼지고기를 넣어 김치찌개를 했다. 혹시나 해서 남편에게 먹을 건지 물어보았더니 배가 고팠는지 먹겠다고 했다. 둘이 같이 식탁에 앉아 밥이랑 김치찌개를 먹기 시작했다. 김치통에 남아있던 김칫국물을 아낌없이 다 넣었더니 맛은 있는데, 간이 센 듯했다. 매운 걸 잘 못 먹는 나는 국물은 먹지 않고 김치만 건져 먹고 있었는데, 남편을 보니 글쎄, 그 매운 국물을 후루룩 마시고 있는 것이었다. 순간 놀라서 남편에게 물었다.

"자기, 괜찮아? 안 매워?"

"응, 괜찮아. 아주 맛있어!"

그는 짜고 매운 김치찌개를 흔적도 없이 해치워버렸다.

"뭐야? 자기 전생에 한국인이었어? 왜 이렇게 잘 먹어? 꼭 한국 사람처럼!"

남편은 배추김치도 잘 먹지만, 오이무침을 특히나 좋아한다. 어제는 점심으로 카레와 볶음김치를 먹고 나서 오후에 남편의 '긴치'인 오이무침을 했다. 큰 오이 세 개로 했으니 한동안은 먹을 거 같다. 하지만 요즈음 남편의 김치에 대한 애정 강도로 봐서는 어쩌면 이번 주에 끝날 것 같기도 하다.

오늘은 단무지 대신 수박껍질로 만든 피클이랑 시금치 대신 근대나물을 무쳐서 김밥을 말았는데, 특별히 남편을 위해 오이무침 김밥도 만들었다. 김과 밥, 마지막 남은 계란으로 만든 지단 두 줄과 오이무침 한가득. 역시 잘 먹었다. 조 배우답게, 아주 맛나게!

남편 덕분에 맘껏 한식을 요리하다 보니 한국에 있을 때보다 쿠바에서 한식을 더 많이 먹는 아이러니한 일이 발생했다. 특히나 코로나로 집콕인 요즈음은 요리 꿈나무가 제대로 실력 향상을 해 볼 수 있는 최적의 기회라, 재료가 생기는 대로 이것도 해 보고 저것도 해 보면서 격리 생활을 즐기고 있다.

문득 이런 생각이 들었다.

올 8월에 예정대로 한국에 갈 수 있으면, 아빠의 팔순 생신상을 내 손

으로 한번 차려보아야겠다고. 이제 나도 요리를 제법 할 수 있게 되었으
니, 나에게 가장 큰 힘이 되어 주시는 사랑하는 아빠를 위해서 막내딸이
쿠바에서 갈고닦은 한식 요리 솜씨를 한 번 뽐내어 봐야겠다고. 부모님
댁에 가면 늘 나를 VIP 손님처럼 모시고는 손가락 하나 까딱 못하게 하는
부모님께 이번에는 내가 엄마, 아빠를 VVIP로 모셔봐야겠다고 말이다.

보조는 당연히 무한 한식 사랑의 주인공인 내 남편이겠지? 먹을 땐 나
보다 더 한국 사람 같은 무늬만 쿠바인인 귀여운 내 서방.

똥손에서 금손으로

'근데 아가씨 요리 완전 짱이더만. 일만 할 줄 알고 똥손인 줄만 알았는데, 띠용이고. 눈 튀어나올 뻔.'

카톡을 주고받는 도중에 올케가 엄청난 칭찬을 퍼부었다. 얼마나 기분이 좋았는지 이 부분만 캡처해서 사진첩에 고이 모셔두기까지 했다. 쉽게 자극을 잘 받는 나는 힘들 때 이런 걸 보면서 괜히 힘도 내어보고, 심심할때 몇 번을 읽어보며 혼자 피식 웃기도 한다.

올케 얘기대로 한국에 살 땐 일만 할 줄 알았다. 일을 꽤 잘해서 회사에서 충분히 인정도 받았고, 인정받는 만큼 병원에 가는 횟수도 늘어나면서 미친 듯이 일만 했다. 그리고 가끔, 아주 가끔 내 이쁜 조카를 만나면, 백화점에 데리고 가서 돈 잘 버는 멋진 고모 코스프레도 했다.

그런데 쿠바에 살다 보니 딱히 할 일이 없었다. 시간에 쫓겨 살던 내가 이렇게 한가해지니 '내가 이렇게 살아도 되나?' 하는 약간의 죄책감 같은 게 생기기도 했다. 하지만 그런 생각은 바로 접어버렸다.

'그래, 그동안 열심히 일했으니 잠시 쉬는 것도 괜찮아!'

너무 할 일이 없고 심심하면 집 근처 공원에 가서 고양이들이랑 놀다가 집으로 돌아와 요리를 하고, 글도 써 보았다. 그런데 오랜 회사 생활에 보고서 형식으로 글을 쓰는 데 익숙해져 버린 탓인지 내가 쓴 글을 읽어보면 딱딱하기 그지없고, 재미가 없어서, 마무리도 못하고 쓰다가 머뭇거리곤 했다.

'글은 아무나 쓰는 게 아니었어!'

그래도 멈추지는 않았다. 할 일이 없었으니까. 대신 일기를 썼다. 혼자만 간직하는 거니까. 솔직한 그 날의 일상을 보고서 쓰듯 쓰기도 했고, 왔다 갔다 하는 감정을 내 맘대로 이렇게 저렇게 표현하면서 스스로를 다독거리기도 했다. 만만찮았던 이곳에서의 초반 생활에 일기를 쓰는 건 생각보다 큰 도움이 되었다.

그러다가 어느 날부턴가 요리를 제대로 하기 시작했다. 평소에 먹고 싶거나 생각나는 게 있으면 적어놓았다가, 인터넷 공원에 가면 레시피를 찾아 캡처하고는 집에 와서 만들어 보았다. 나쁘지 않았다. 무엇보다 내 옆에는 조 배우님이 계시지 않은가! 내가 뭘 만들기만 하면 별것도 아닌데 일단 감탄부터 하며 내 기를 팍팍 살려주는 영원한 내 편.

"아, 이건 믿을 수 없는 맛이야! 어쩜 이렇게 맛있을 수가 있지? 정말 완벽해! 난 이 나라에서 왕처럼 밥을 먹네. 나는 왕이고, 자기는 왕비야!"

이런 식으로 찬사를 남발하시는 조 배우님의 환상적인 연기로 내 어깨는 으쓱해지고 요리하는 게 재미있어지기 시작했다. 칭찬의 힘이 얼마나 대단한 것인지를 매일 내 짝꿍 조 배우님을 보면서 느끼고 있다.

요리하고 글 쓰는 게 즐거웠지만 지극히 실내 활동이라, 이것만 하다 보면 살찌는 건 시간문제라는 생각에 멕시코에서 공수해 온 요가 매트와 한국에서 가져온 짐볼과 소도구들로 운동을 시작했다.

사십 대가 된 후에 나도 모르는 사이에 붙더니 이제는 떨어질 생각조차

하지 않는 허리둘레 및 뱃살에 등살, 게다가 두부도 모자라 순두부가 되어버린 내 팔뚝 살들을 보고 있으니 두려움이 슬금슬금 다가왔다. 몇 포기 안 되는 김치를 담그는 날에는 허리가 어찌나 아픈지! 살도 살이지만 나이 먹으면 근력이 있어야 한다기에 근력운동을 시작했다. 운동선수에 트레이너였던 조 배우님이 이번에는 역할을 바꾸어 나만의 트레이너가 되어 주었다. 참 다양한 역할을 잘 수행하시는 내 짝꿍 최고다!

새로운 나라에 와서 딱히 할 일이 없다 보니 심심해서 시작했던 글쓰기와 요리, 그리고 운동이 내 생활의 활력소가 되어 똥손을 금손으로 만들어주었다. 게다가 브런치 작가가 되어 글도 조금씩 올리고 있고 쿠바 몸짱이 되어볼까 하는 마음으로 운동도 열심히 하고 있다.

"린다야, 우리 회사 동생이 네 팬이래. 네 브런치 글 재밌다고 자주 올려달라고 하더라."

친구 두 명에게서 이 말을 들었을 때, 나는 말도 안 된다고 생각했다. 내 글이 재미있다고?

내가 브런치에 글을 쓰지 않았다면 평생 내 글이 재미있는지 모르고 살았을 일이다.

나이가 들면 새로운 일에 도전하는 것에 대한 두려움이 커지는 게 당연하다. 익숙한 게 편하고 좋으니까. 하지만 두려움을 넘어서면 또 다른 새로운 세상이 나를 반겨준다. 그리고 그 또 다른 세상은 나도 몰랐던 나의 달란트를 꺼내어 또 다른 인생을 살게 한다.

엄마는 여전히 이렇게 말씀하신다.

"난 도대체 이해가 안 간데이. 니가 왜 그래 먼 데 가서 그런 고생을 하는지…."

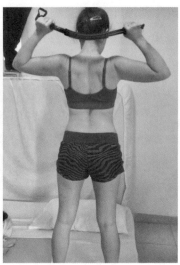

　쿠바에서의 새로운 삶은 생각보다 훨씬 힘들지만, 나는 새롭게 발견한 달란트로 매일 하루를 알차게 보내고 있다.

　오늘은 야옹이에 대해서 써 볼까?

　어제 받은 망고로 잼을 한 번 만들어 볼까?

　오늘은 짐볼 힙업 600개를 해 봐야겠어!

　이렇게 나는 매일 도전하는 삶을 살고 있다. 이 삶이 꾸준히 이어져서 내가 꿈꾸는 것들을 이루는 날이 오기를 소망해본다. 그날이 오면 엄마도 나를 이해하시겠지.

쿠바에서 오븐 없이 빵 굽는 법

"자기야~"

느지막이 일어나 세탁실 창문 앞에 앉아 저 멀리 큰 배 한 척이 지나가는 말레꼰을 바라보며 인터넷을 하는 나에게 다가와 다정하게 부르는 사람이 있었다. 남편이었다.

나는 늘 그러하듯이 "자기, 잘 잤어요?" 하고는 얼굴을 비비고 뽀뽀를 한 뒤 두 번째 질문을 했다.

"자기, 배고파요?"

"네."

"알겠어요. 자기, 그거 하고 싶어요?"

남편에게 손으로 뭔가를 휘젓는 흉내를 내면서 물어보았다. 그러자 남편은 "네." 하면서 웃었다.

"잠깐만 기다리세요!"

나는 냉장고로 가서 계란 네 개를 꺼내어 두 개의 볼에 흰자와 노른자를 분리해서 담았다. 흰자가 담긴 볼을 집주인의 오래된 거품기와 함께 남편에게 건네주고는 "파이팅!"을 외쳤다. 남편도 덩달아 "파이팅!"을 했다.

남편은 세탁실 창문 앞에 떡 버티고 있는 우리 집 유일의 안락의자에 앉아서 창문 밖으로 보이는 말레꼰 바다를 벗 삼아 거품기 가동을 시작했다. 눈뜨자마자 팔 운동부터 하는 날이다. 처음 했을 때 기록은 15분이었다. 그때 이후로 시간을 따로 확인하지는 않았지만, 대략 그 정도면 어느 정도 완성이 되는 듯했다.

다름 아닌 머랭 치기다.

전 세계를 마비시켜 버린 코로나바이러스가 우리 인간에게 준 선물 중 하나는 수많은 가정 요리사를 배출한 것이다. 식당들이 문을 닫고 집에만 있어야 하는 상황에서 먹기는 해야 하니 원하든 원하지 않든 주방으로 간다. 그리고 쉬운 것부터 한 가지씩 해 본다. 내가 한 요리가 기대한 것보다 맛있으면, '오, 내가 요리에 소질이 있었나?' 하면서 또 하게 되고, 자꾸자꾸 하다 보니 요리실력이 일취월장해서 SNS에 사진을 올리면서 자랑하게 된다. 나도 이 혜택을 받은 한 사람 중 하나이다.

쿠바라는 낯선 나라에 와서 먹고살기 위해서 시작한 요리 솜씨가 조금씩 발전하더니 어느 날부터인가 김치 만들기에 재미를 느껴 쿠바에서 가능한 종류의 김치를 다 만들어 보았다. 그러다 코로나19로 집에만 있어야 하는 상황이 오자 더욱더 요리에 정진하기 시작했다. 그러던 어느 날 당근주스를 만들어 보았는데, 주스를 만들고 나니 엄청난 찌꺼기가 발생이 되었다. 버리자니 아깝고 그렇다고 뭘 할지도 몰라 고민하던 차에 SNS에 사진을 올리며 조언을 구했더니 동생 두 명이 당근케이크를 만들어 보라고 했다. 오븐이 없는 나에게 밥솥으로도 만들 수 있다고 해서 바로 실습해 보았다. 신기하게도 당근케이크가 탄생했다. 내 생애 첫 제빵의 흥분된 순간이었다.

밥솥으로 케이크라니!

나에게 밥솥 케이크는 신세계였다. 남편도 케이크를 먹어보더니 너무 맛있다며 극찬했다. 다행히 나에게는 작년에 산 밀가루가 꽤 남아있었다. 쿠바에 온 지 6개월 만에 밀가루를 처음으로 발견하고는 그 기쁨에 1킬로그램짜리 6팩을 사두었다. 게다가 멕시코에서 청소할 때 사용하려고 사온 베이킹파우더도 한 봉지가 있었고, 계란도 남편이 구해와서 충분했다.

식용유와 설탕까지 기본 재료는 다 있어서 당근케이크를 만드는 데 어려움은 없었다. 계피가루나 호두 같은 건 선택사항이라 없어도 괜찮았다.

신이 나서 밥솥으로 케이크를 만들어 먹다가 갑자기 부드러운 카스텔라가 먹고 싶어졌다. 카스텔라 레시피를 찾아보니 계란 흰자 머랭이 필요하다고 적혀 있었다. 머랭이라!

자동 거품기가 없는 나는 카스텔라를 먹어보겠다는 일념 하나로 계란 흰자를 볼에 담은 후 머랭을 치기 시작했다. 한참을 했는데도 머랭은커녕 '대답 없는 너'였다. 이러다 오른팔이 떨어져 나가겠다 싶어서 깔끔히 포기를 하고 평소에 하던 케이크로 방향을 바꾸었다. 아쉬움이 컸지만, 자동거품기를 살 때까지 카스텔라를 먹는 건 포기하기로 했다.

다음날 남편에게 카스텔라가 너무 먹고 싶은데 머랭을 못 만들어서 먹을 수가 없다고 말했더니 자기가 머랭을 한번 만들어 보겠다고 했다.

고뤠?

남편 맘이 바뀌기 전에 얼른 볼에다가 계란 흰자를 담아서 낡은 수동 거품기와 함께 주었다. 남편이 시간을 재어 보라고 해서 휴대폰에 있는 스톱워치 기능을 작동을 시켰다.

시~작!

남편의 팔뚝에 힘이 들어가더니 거품기로 계란 흰자를 마구 휘젓기 시작했다. 그 모습에 물개박수를 치며 기념사진을 찍어주니 신이 나서 더 열심히 했다. 그사이 나는 다른 재료들을 준비하였다. 조금 후에 남편이 불렀다.

"자기~~~~"

"오 마이 갓!"

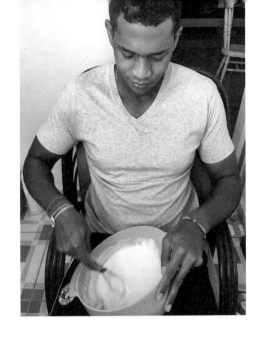

　연두색 볼에 하얀 머랭이 내 눈에 들어왔다. 정말 머랭이었다! 남편이 시간을 확인해보라고 했다. 15분하고 1초가 지났다. 나는 왜 남편이 머랭을 이렇게 잘 칠 거라고 생각을 못 했을까? 자동 거품기를 샀으면, 돈이 아까워 억울할 뻔했다.

　남편 사용 설명서에 머랭 치기를 추가했다.

　나는 연신 "자기 최고!"를 외치며 머랭이 사라지기 전에 얼른 노른자와 나머지 재료들을 조심스레 섞고는 밥솥에 반죽을 부었다. 밥솥 둘레에 기름을 바르는 것도 잊지 않았다. 그리고 잠시 후 그리도 원하던 '밥솥 카스텔라'가 탄생하게 되었다. 남편은 자신이 카스텔라를 만드는 데 일조했다는 뿌듯함으로 감탄에 감탄을 연발하며 맛있게 먹었다.

　카스텔라를 만들려면 계란, 식용유, 설탕, 밀가루가 필요한데, 이 재료들은 늘 구할 수 있는 게 아니어서 재료가 충분히 있을 때만 카스텔라를 해 먹었다.

그런데 몇 번을 하다 보니 밥솥이 문제였다. 거의 10개월 동안 냄비로 밥을 해 먹다가 작년에 이곳에서 밥솥을 하나 샀는데, 이 밥솥은 기능이 취사와 보온 두 가지로 아주 단순했고, 몇 개월이 지나자 바닥에 밥이 눌어붙기 시작했다. 코팅이 벗겨진 밥솥에 기름을 충분히 발라주어도 케이크가 계속해서 바닥에 달라붙었고 억지로 떼어내다 보면 모양이 망가지기 일쑤였다. 더 이상은 밥솥으로 제빵을 못 하겠다고 생각하던 그 무렵, 제빵에 심취해있던 한 동생이 카톡을 보내왔다.

"언니, 냄비로도 카스텔라를 만들 수 있어요."

"어머, 냄비로 카스텔라를 만들 수 있다고? 정말?"

그녀는 친절하게도 레시피 몇 개를 보내주었으나, 계란 구하기가 힘들어 바로 실습하지 못했다. 한 주가 지난 후 남편이 계란 두 판을 구했고, 그 기념으로 '냄비 카스텔라' 실습에 들어갔다. 남편의 역할은 당연히 머랭 치기였고, 나는 레시피 몇 개 중 가장 마음에 드는 걸 골라 따라 했다.

첫 번째 '냄비 카스텔라' 성공!

작년에 멕시코에서 사 온 작은 냄비는 아직 코팅이 벗겨지지 않아 카스텔라가 바닥에 눌어붙지도 않고 쏙 떨어져 나왔다. 바닥이 타지 않고 적당히 잘 구워진 모양이 얼마나 예쁜지, 얼른 먹고 싶어 하는 남편을 옆에 두고 사진을 연신 찍어댔다.

이렇게 나는 오븐 없이 밥솥으로, 그리고 냄비로 빵을 만들어 먹으며 어느새 제빵 꿈나무가 되어갔다. 언젠가 오븐이 생기면 쿠바에서 구하기 힘든 '우유식빵'을 만들어 내가 만든 망고 스프레드를 발라 우아하게 먹어보리라! 하는 소박한 바람과 함께.

내 행복의 비결은요

쿠바에서 알게 된 한국인과 이야기를 하는 도중 그녀가 갑자기 '만두 사건'을 꺼내며 그때 남편 때문에 많이 힘들었겠다고 말했다. 만두 사건? 내가 왜 남편 때문에 힘들지? 남편은 내 속을 썩인 적이 없는데…?

만두 사건이 전혀 기억나지 않았다. 찬찬히 생각을 하다가 잠시 후 무릎을 치며 말했다.

"아, 그때 그거?"

만두 사건의 전말은 이러하다.

이곳에 코로나바이러스가 들어온 2020년 3월 11일에 뉴스에서 첫 확진자 발표가 나자마자 나는 만두 사장님(당시 자택에서 한국 만두를 빚어서 판매하는 분이 계셨다)께 문자를 보내 고기만두와 야채만두를 50개씩 주문했다. 며칠 후 사장님에게서 '린다씨, 만두 준비 다 됐어요.'라는 문자를 받았고, 남편과 함께 그녀의 댁으로 찾으러 갔다. 만두가 총 100개라 부피도 무게도 꽤 되었다. 남편이 배낭에 만두 두 봉지를 잘 넣었고, 공사하는 집 냉동실에 넣어 두기로 했다.

5일 후, 공사 현장을 방문해서 정리를 하고는 만두 일부를 집으로 가져가려고 냉동실 문을 열었다. 그런데 냉동실 안에는 고기만두 50개가 든 봉지 하나뿐이었다. 함께 있어야 할 야채만두 50개가 보이지 않았다.

"자기, 냉동실에 만두가 50개밖에 없어. 만두 봉지가 두 갠데 하나는 어디에 있지?"

"몰라. 난 분명히 냉동실에 다 넣어뒀는데?"

"아니야, 여기 와서 좀 봐. 야채만두 50개가 든 봉지가 없잖아. 이상해. 자기 그때 만두 담아온 배낭 어디에 있어?"

(갑자기 조용…)

"아… 어떡하지…?"

몇 번을 모른다고 하던 남편이 야채만두 50개가 든 봉지를 가지고 슬그머니 나타났다. 얼굴은 이미 사색이 되어있었다. 만두를 사 온 날 남편은 배낭에서 고기만두 봉지만 꺼내어 냉동실에 넣어두고, 야채만두는 가방에 내버려 두었던 것이다. 남편의 손에 들려 있는 야채만두 봉지를 보는 순간, 나는 갑자기 피가 거꾸로 솟는 것 같았다.

"이게 뭐야? 왜 거기서 나와? 자기 지금 제정신이야? 도대체 정신을 어디에 둔 거야??"

나의 분노는 최고조에 달했다. 지금까지 내가 이 정도로 화내는 것을 한 번도 본 적이 없었던 남편은 자신이 얼마나 큰 잘못을 했는지 본인 스스로도 놀라서 죄책감에 고개를 떨구고는 계속 미안하다고만 했다. 나는 흥분을 감추지 못한 채 덧붙여 말했다.

"이게 대체 얼만지 알아? 그리고 만두 사장님이 이걸 만드시느라 얼마나 애쓰신 줄 아냐고? 아니 만두가 들어있으면 배낭이 무거웠을 텐데, 어떻게 속을 들여다보지도 않고 그냥 둘 수가 있어? 이걸 내가 어떻게 이해해?"

불편하고 부족한 것투성이인 이 나라를 선택해 살면서 스스로 결심한 게 있었다. 사소한 일에 힘 빼지 말자고. 한국에서는 쉽사리 짜증 내고 화내던 일도 이곳에서는 웬만하면 그냥 웃고 넘어간다. 날씨는 덥고, 화낸다고 안 될 일이 될 리도 없는 데다 인내는 기본이라 '그래, 그럴 수도 있지 뭐. 여긴 쿠바니까.'라고 하면서….

그런데 이번 일은 정말 이해가 되지 않았다. 어떻게 만두 50개가 든 배낭을 그냥 둘 수가 있는지…. 아마 그때 남편의 머릿속에 무언가 복잡한 일이 있었던 것 같다. 만두 그거 다시 사면 되지 그걸로 사람을 이렇게나 잡느냐고 할 수도 있겠지만, 이곳에서 음식은 쉽게 살 수 있는 게 아니다. 게다가 한국 만두다!

남편의 실수로 못 먹게 된 만두 50개의 가격은 쿠바인들의 한 달치 월급이다(25쿡, 한화 3만 원). 만두를 주문해서 찾으러 가는 것도 일이지만, 무엇보다도 만두에 들어간 구하기 힘든 식재료들과 만두 사장님이 하나하나 정성껏 빚으신 그 귀한 만두를 말도 안 되는 부주의로 버리게 되었다는 것에 몹시 속상했다. 덥고 습한 공사 현장의 배낭 안에 5일 동안이나 숨어있었던 만두는 당연히 상해서 더 이상 먹을 수 없게 되었다. 아직 부아가 풀리지 않은 나는 남편에게 이렇게 말했다.

"자기, 이 만두 못 먹으니까 쓰레기통에 갖다 버려줘."

"……"

남편은 커다란 두 눈을 애처롭게 뜨고는 버리라는 말에 놀라서 말없이 나를 쳐다만 보고 있었다.

곧이어 나는 약속이 있어 나가야 했기에 일단 화를 가라앉히고 집을 나섰다. 볼일을 마치고 다시 공사 현장으로 돌아오는 길에 심하게 야단맞고 풀이 죽어있을 남편을 위해서 햄버거와 음료를 샀다. 분명 아무것도 먹지 않고 일하고 있었을 거라 마음이 쓰였기 때문이었다. 남편에게 먹을 걸 주고는 냉동실을 열어보니 문제의 야채만두가 냉동실에 고이 모셔져 있었다.

"자기, 저거 상해서 못 먹으니까 제발 버려줘."

"아니야, 내가 튀겨서 조금씩 먹으면 돼. 괜찮아."

"안돼. 상한 음식 먹고 탈 나서 병원에 가면 내가 더 힘드니까, 그냥 버려줘. 제발!"

"(힘없이) 응, 알겠어…."

집으로 돌아온 나는 만두 사장님께 야채만두 100개와 고기만두 50개를 더 주문했다. 물론 너무 맛있어서 금세 다 먹었다고 말씀드렸다. 남편에게 만두를 더 주문했다고 문자를 보냈더니 잠시 후 회신이 왔다.

'오늘 일은 정말 미안해. 그리고 만두 사장님께는 만두가 너무 맛있어서 금세 다 먹었다고 얘기해주면 좋겠어. 나 때문에 버렸다는 말은 제발 하지 말아줘. 너무 미안하니까….'

만두 사장님을 걱정하는 그 마음이 예뻐서, 너무 걱정하지 말라고 하면서 만두 사건은 마무리가 되었다.

불과 한 달 반 전에 일어난 일인데, 나는 이 만두 사건을 까맣게 잊고 있었다. 대신 남편의 좋은 점, 남편이 잘해 주는 것만 기억하니 코로나19로 집콕하며 남편 얼굴만 보고 있지만, 남편 때문에 힘든 점은 없다. 오히려 매일매일이 행복한 날들이다. 이 일을 통해서 확실하게 깨달은 게 있다.

내가 행복하려면 나쁜 일은 빨리 지우개로 싹 지워버리고 좋은 것만 기억하자.

그리고 지금 이 순간의 행복을 즐기자. 카르페 디엠!

귀인과 천국에 살고 있습니다

한동안 여러 가지 고민으로 머리가 복잡했는데, 존경하는 분의 명쾌한 조언 덕분에 고민했던 것들이 말끔히 해결되었다. 그분은 "지금 내가 있는 곳이 천국이고, 내 옆에 있는 사람이 귀인"이라고 말씀해 주셨다. 그 말을 듣고, 내 옆의 귀인에 대해서는 바로 수긍했지만, 내가 천국에 있다는 사실에는 동의하기가 힘들었다. 그런데 희한하게도 이 말을 계속해서 품고 있다 보니 기분이 살살 좋아지는 것이었다.

이곳에 내가 처음으로 온 이유는 휴가를 보내기 위해서였다. 설레는 가슴으로 낯선 곳에서 보름간 보냈고, 떠날 때는 다시는 이곳을 찾지 않으리라 생각했다. 도시가 지저분하다는 게 가장 큰 이유였다. 그래서 있는 돈을 탈탈 털어 한 푼도 남김없이 다 쓰고 한국으로 돌아갔다.

하지만 운명의 장난처럼 떠난 지 삼 개월 후 또다시 이곳으로 오게 되었다. 지금 내 옆에 있는 귀인을 만나러 온 것이었다. 다시 돌아온 곳에서 그와 함께 2개월간 생활을 해 보니 사주나 타로점 같은데 흔히 나오는, '동쪽으로 가면 귀인을 만나게 됩니다!'의 그 귀인이 맞는 듯했다. 그래서 나는 이 귀인을 놓치면 안 되겠다고 생각을 하면서도, 이곳에서는 살지 않겠다고 다짐을 했다. 이번에는 화장실이 그 이유였다.

나이가 점점 들다 보니 화장실 문제에 예민해지고, 외출했을 때 화장실을 편히 갈 수가 없으면 불편함이 느껴져 불안하기까지 했기 때문이었다. 특급호텔과 고급 레스토랑들을 제외하고는 화장실 변기에 엉덩이 깔개가 없는 곳이 대부분이며, 변기에 물이 잘 안 내려가는 경우도 다반사였다.

그러다 보니 외부에서 화장실에 갈 때는 숨을 깊게 들이마셔 '읍' 하고 들어가서 얼른 볼일을 보았고, 나와서는 '휴' 하고 숨을 내쉬었다. 볼일을 보고 나면 손을 깨끗이 씻어야 하는데, 물이 귀한 곳이다 보니 세면대에 물도 잘 나오지 않았다. 그러니 외출 시에 휴대용 화장지와 물티슈는 필수였고, 갈 만한 화장실이 없으면 물을 한 모금도 마시지 않았다.

내가 이곳에서 화장실을 보고 깜짝 놀랐듯이, 나의 귀인도 한국에 왔을 때 가장 놀란 것이 화장실이라고 했다. 누구나 사용하는 공중화장실이 아주 깨끗하고 물도 잘 나오는데, 그런 공중화장실이 여러 곳에 잘 정비되어 있으니 한국은 그야말로 화장실 천국이었다.

그와 반대로 이곳에서는 공중화장실 찾기가 힘들어 노상방뇨가 일상이었다. 소변금지를 써놓은 담벼락 아래에서 술 취한 아저씨들이 노상방뇨를 하던 70년대의 한국처럼 말이다.

그러다가 귀인과 결혼하게 되었고, 어디에서 살지 고민이 되었다. 한참을 고민한 끝에 한국이나 제3국가(이를테면 스페인)보다는 머나먼 미래를 위해서 쿠바에서 사는 게 좋을 거라는 결론이 나왔다. 나의 귀인은 한국을 좋아해서 한국에서 살고 싶어 했지만, 내가 쿠바로 결정을 내리는 순간 그는 희망을 접어야 했다. (미안해, 귀인!) 이 결정을 들은 귀인의 친구들은 모두 미. 쳤. 다.라고 했다고 귀인이 나에게 귀띔해 주었다. 그때는 그 뜻을 몰랐는데, 살아보니 그들이 왜 그런 말을 했는지 이해할 수 있었다.

아무튼, 잘한 건지, 못한 건지 알 수 없는 그 결정으로 귀인과 나는 이곳에서 신혼살림을 차렸고, 알콩달콩 소꿉장난처럼 살아가기 시작했다. 그

런데 살면 살수록 이곳의 삶이 장난이 아니라는 것을 깨닫게 되었고, 현실을 알면 알수록 이곳에 대한 내 생각이 처음과는 다르게 비판적으로 변해가기 시작했다. 나는 자타가 공인하는 긍정주의자라 웬만큼 힘든 일로는 불평하거나 힘들어하지 않는데 말이다.

왜 그러지? 하며 가만히 그 속을 들여다보니 가장 큰 이유는 내 안의 편견이었다. 그중에서도 사람에 대한 편견. 천성적으로 사람을 좋아하는 데다 어려서부터 사교성이 좋았던 나는 그동안 한국에서든 외국에서든 멋진 사람들을 많이 만나왔고, 주위에 좋은 분들이 있었기에 쿠바에서도 그런 인간관계를 기대했던 것이었다. 하지만 이곳은 지금까지 내가 살아왔던 곳들의 환경과 사뭇 달랐고, 무엇보다 생존이 우선이라 사람들의 마음에 여유가 많지 않았다. 누구를 탓할 수도 없고 환경이 그러다 보니 어쩔 수 없는 건데, 그들을 이해하기보다 내가 살아온 방식으로만 인간관계를 하려니 나만 계속 힘들게 된 것이다. 친구라고 생각했던 이들에게 여러 번 놀랄만한 일들을 겪으며 서서히 멀어지게 되었고, 그런 일들이 반복되자 내 주위에 마음을 터놓을 만한 친구가 없게 되었다.

2020년 코로나19로 자연스레 자가격리를 하게 되었고, 집에서 나의 귀인이랑 단둘이 백여 일을 지냈는데 외롭거나 힘들다는 생각이 들지 않는 걸 보니, 친구가 없어도 이곳에서 지내는 데에 문제가 없을 것 같기도 했다. 나의 귀인이 가장 친한 친구이기도 하고, 무엇보다 나의 귀인에게는 어떤 얘기를 하더라도 말이 새어 나가거나 문제가 될 일이 없어서 그 누구보다 마음이 편하기 때문이다.

쓸데없는 일로 나를 고민하게 하는 친구를 만날 바에는 차라리 그 시간에 책을 읽고 글을 쓰거나 잠을 자는 게 더 낫다는 생각도 굳이 친구를 만

들려고 노력하지 않는 데 한몫을 했다. (그 생각은 예나 지금이나 변함이 없다.) 이곳에 계속 살다 보면 언젠가는 나와 마음이 맞는 좋은 친구를 만나게 될 터이니, 지금 없는 것에 대해서 목을 매거나 아쉬워할 필요가 없을 것 같다는 생각도 들었다.

사람에 대하여 생각이 정리되었으니, 그야말로 나는 이제 천국에서 잘 살 일만 남았다.

정전과 단수가 일상이고, 뭐라도 하나 사려면 몇 시간씩 줄을 서야 하며 인터넷 사용이 자유롭지 못해서 비싼 데이터 비용을 지불하지만, 천국이라고 모든 게 좋을 수만 있겠나? 이런, 방금 전기도 나가버렸네. 정전과 단수가 동시에 된 적은 첨이라 이건 좀 색다른 경험이기도 하다. 앗, 이제 물은 나오는구나.

삶의 질이 완벽하다는 스위스 같은 나라에서도 자살률이 높다는 얘기를 들었을 때, 세상에 완전한 것은 없다는 생각이 들었다. 환경이 어떠하든 결국 가장 중요한 건 내 마음이었다.

이제 쿠바도 조금씩 변화를 시도하고 있으니, 어쩌면 이런 아날로그적이고 불편했던 날들이 눈물겹도록 그리울 날들이 오겠지? 그때가 되면 내가 왜 예전에 좀 더 즐기지 못했을까 후회할 수도 있을 테니, 지금 덥고 깜깜해도 웃음으로 이 순간들을 즐기는 게 현명할 것이다.

코로나19 기간 동안 먹을 것과 생필품을 구하기도 힘든데, 건너편 집 여인은 뭐가 그리도 즐거운지 시도 때도 없이 노래를 부른다. 처음에는 그런 그녀를 이해하는 게 힘들었는데, 시간이 지나면서 그녀가 현명한 것일 수도 있다는 생각이 들었다. 그녀는 힘든 상황에 대해서 불평하기보다 현실을 받아들이고 그 안에서 자신을 기쁘게 하는 일을 찾아서 타인을 의식

하지 않고 온전히 자신의 시간을 즐기고 있었다.

게다가 지난주에 천둥 번개가 아주 심하게 치고 폭우가 쏟아지는 바람에 나무판자로 만든 여인네 집 창문이 '뚝' 하고 떨어져서 이제 비가 오면 닫을 창문이 없는데도 여인은 그저 노래하고 춤을 추었다.

어쩌면 나는 인생을 제대로 깨닫기 위해서 이곳에 온 게 아닐까?

그동안 나는 지금까지 내가 살아왔던 생활의 기준에 맞추어 눈을 감고 귀를 막으며 내가 보고 싶은 것만 보고 듣고 싶은 것만 들었다. 나는 당신들과 달라요, 라는 마음으로 그들을 이해하거나 그들의 세상을 깊이

있게 받아들이려고 노력하지도 않았고, 내 기준으로만 그들에게 섞이려고 했었다.

이제는 달라져 볼까 한다. 내가 있는 이 천국에서 똥도 밟아보고 노래도 하고 춤도 춰 보아야겠다. 좀 더 유연한 사고로 나와 다른 생각을 하는 이들을 이해하려고 노력해봐야겠다. 이곳에 있는 동안 할 수 있는 건 다 해보고 누릴 수 있는 건 다 누려봐야 나중에 미련이 없겠지?

온 세상이 암흑 같은 지금도 사람들은 밖에 나가서 노래를 부르며 이 순간을 즐기고 있다. 그동안 그런 이들을 보면 생각 없이 산다고 여겨졌는데, 생각을 고쳐먹으니 그들이 인생을 즐길 줄 아는 사람으로 변해 있었다. 사실 그들은 아무것도 변한 게 없는데 말이다. 늘 그렇듯 정전이 되면 더워서 집 밖으로 나왔고, 심심하니까 노래를 부르고 음악을 튼 것뿐이었다.

이래서 생각이라는 게 참으로 중요하다. 나를 천국으로 데리고 갔다가 순식간에 지옥으로 빠뜨려 버릴 수가 있으니.

이 순간 내가 바라는 것은, 이 마음이 오랫동안 이어져 귀인과 천국을 제대로 느껴보는 것이다. 더위에 무척이나 약한 나의 귀인은 정전이 되어 선풍기가 멈춰버리면 절망에 빠지고, 나는 내일 길거리에 나가면 맞닥뜨릴 현실이 살짝 두렵긴 하지만, 내가 있는 이곳이 천국이라는 마음으로 사뿐히 걸어보아야겠다.

Chapter 4

쿠바는 지금

잠결에 물벼락 맞아본 사람

꿈을 안고 뒤척이다가 밖에서 소리가 들려 귀를 기울였다. 솨아… 물소리였다. '맞다. 어제 저녁부터 단수였지? 남편이 화장실에 물을 틀어 봤나보네.' 하며 옆에서 쿨쿨 자는 남편을 깨웠다.

"자기, 자기~~~"

곤히 자는 남편을 살짝 흔들어 "자기, 물 나와!"라고 하자 눈을 뜨며 큰 덩치를 천천히 일으켜 세우고, 침대에서 일어나 느릿느릿 슬리퍼를 신었다.

남편이 화장실 문을 열고 물이 나오고 있는 샤워기의 손잡이를 잠그는 듯했다. 하지만 그는 침대로 돌아오지 않았다. '부엌에 물을 마시러 갔나 보다.'라고 생각했는데 이상하게도 물소리가 계속 들려왔다. 나는 속으로 '아, 빨리 좀 잠그지. 뭐 하고 있는 거야?' 하면서 침대에 누운 채로 빨리 끝내고 들어오기를 기다리고 있었다. 잠시 후 남편이 방으로 들어오자 물소리가 들리지 않았다. 남편은 불을 켰고 나를 심각한 표정으로 바라보며 말했다.

"자기, 일어나 봐…."

물을 잠그고 나면 바로 침대로 돌아와서 내 옆에 누워야 하는데 남편의 분위기가 심각한 걸 보고 나는 화들짝 몸을 일으켜 바닥에 슬리퍼를 찾았다. 그런데 발이 바닥에 닿는 순간 느낌이 이상했다. 이것은 물? 고개를 숙여 바닥을 보니 물이 찰박거렸다.

'헉! 이게 뭐야?'

거실로 나가 보았다. 이런! 온통 물바다였다. 놀라서 잠이 확 달아나버렸다. 얼이 빠진 나를 보고 남편이 말했다.

"자기, 부엌이야. 어제 싱크대에 물 틀어 놓고 안 잠갔지?"

그제야 모든 상황이 파악되었다.

전날 초저녁에 시댁에서 선물 받은 닭 다리로 오랜만에 찜닭을 하고 있었는데, 밥을 지으려고 물을 틀었더니 졸졸 아주 조금만 나오는 것이었다. 남편이 세탁기를 돌리는 중이라 그런 줄 알았는데, 그게 아니었다. 단수 전조 증상이었다. 아뿔싸! 하면서 쪼르르 떨어지는 물을 재빨리 받음과 동시에 초고속으로 쌀을 씻었다. 남편은 서둘러 빨래를 헹궈내었다. 결국, 나는 밥을 안쳤고, 남편은 빨래를 마무리하고 빨랫줄에 널었다.

"와, 우리 완벽하게 마쳤네! High five!"

우리는 찜닭이랑 오이김치로 맛있게 저녁을 먹었다. 밥 먹기 전에 큰 볼을 수도꼭지 아래에 두고는 똑똑 떨어지는 물을 받고 있었는데, 저녁을 먹는 도중에 단수가 되어 물이 나오지 않자 수도꼭지 잠그는 걸 깜빡한 상태로 잠이 든 것이었다.

단수되면 남편은 화장실에 있는 수도꼭지 하나를 틀어 놓았고, 새벽에 물이 다시 나오기 시작하면 우리 둘 중 한 명이 물소리를 듣고 물을 잠갔다. 그런데 이번에는 화장실이 아닌 부엌에서 일이 발생해 버린 것이었다. 화장실은 안방에 있지만, 부엌은 거실에 있어서 안방 문을 닫으면 바깥소리가 잘 들리지 않았다. 안방에 있는 골동품 에어컨 돌아가는 소리에 다른 소리가 묻혀 버리기 때문이었다.

부엌과 거실, 그리고 세탁실은 그야말로 물바다였다.

쿠바에 와서 난생처음 겪는 일이 한둘이 아니었지만, 단수로 인해 이런 물바다까지 겪을 줄이야! 아무리 내가 실수를 했기로서니 이건 좀 가혹한 장난 같았다. 정신을 차리고 물바다가 된 거실 한가운데 서서 보니 물이 현관 문틈으로 새어 복도로 흘러가고 있었다. 그제야 알았다. 현관문에 턱이 없다는 걸. 그리고 보니 방문에도 턱이 없어서 물이 흐르면 금세 옆으로 퍼지는 것이었다. 오! 나의 실수로 우리가 피해 보는 건 괜찮은데 이웃들까지 피해를 보게 할 수는 없었다.

현관문을 열어보니 물이 앞집으로 좀 들어간 듯했다. 나머지 물은 계단을 타고 흐르고 있었다. 그걸 보니 정신이 번쩍 들어 밀대를 가져왔다. 쿠바 집 바닥은 대부분 타일이거나 화강암이어서 평소에 물청소를 하므로, 한국의 밀대와는 다른 쿠바식의 밀대가 집마다 하나씩 있다. 우리 집에도 밀대가 하나 있었고 내가 밀대를 들자 남편은 걸레를 들고 통에 물을 짜가면서 바닥을 닦기 시작했다.

사이좋게 거실과 세탁실 청소를 나누어서 하던 도중에 남편이 뜬금없이 말했다.

"만약에 내가 실수해서 이 지경이 됐으면 자기 엄청나게 화냈을 텐데, 자기가 실수해서 너무 다행이야. 완전히 죽다가 살았네. 휴."

남편은 나에게 혼나는 표정을 지으며 마구 웃었고, 남편의 그런 표정을 보자 웃겨서 나도 같이 웃었다. 남편의 말이 사실이기도 해서 약간 민망하기도 했다. 속 깊은 남편은 혹시라도 내가 한 실수로 놀랐을까 봐, 속상해할까 봐 일부러 나를 웃겨주려고 그런 말을 한 것이었다. 내가 웃자 그제야 남편도 안심한 듯, "자기, 우리 지금 수영장에 있는 거야. 수영이나 할까?" 하면서 학생 때 기숙사에서 매주 토요일마다 큰 방에 물을 가득 채워 놓고 친구들과 슬라이딩하던 얘기를 해주었다. 흉내까지 내어 가면서. 이런 상황에서 즐거울 수 있는 남편을 보며 신기하기도 했고 고맙기도 했다. 덕분에 나도 더는 물난리에 기분이 다운되지 않고 즐겁게 청소할 수 있었다.

세탁실 물이 어느 정도 줄어들자 남편이 집 밖으로 나가서 복도에 흐르던 물도 깨끗이 청소하였다. 한 시간 반쯤 지나자 바닥에 있던 물도 어느 정도 자취를 감추었다. 보통 바닥 물청소는 남편이 하므로 나는 밀대를 사용한 적이 없었는데, 닥치니 나름 잘하는 듯했다. 뭐 대단한 거라고 남편에게 "자기, 나 완전 잘하지?"라며 으쓱대었고, 그런 나를 보고 남편은, "응, 너무 잘하네. 자기 꾸바나(쿠바 여자)야?"라고 말하며 맞장구를 쳐 주었다. 자다가 물벼락을 맞았어도 우리는 즐겁게 닦아내고 쓸어내며 기분 좋게 마무리했다.

시계를 보니 새벽 다섯 시 반이었다. 이 정도면 됐겠지, 하면서 밀대를 내려 두고 나는 다시 침대에 누웠고, 남편은 빨래를 담아 놓은 봉투에 물이 차서 다 젖어버린 옷들을 그냥 둘 수가 없다며 빨래를 하겠다고 했다. 갑자기 쏟아진 잠에 쓰러져 자고는 눈을 떠 보니 아침 여덟 시였다. 남편은 그제야 빨래를 다 했다고 했다. 매사에 깔끔한 남편은 옷은 종류별로, 수건과 양말은 따로 세탁하기 때문에 세탁기를 여러 번 돌려야 했다.

새벽 내내 고생한 남편은 들어가 자고 이번에는 내 차례였다. 꼼꼼히 살펴보다 보니 현관문 앞에 있는 작은 조립식 신발장 아래에 세워두었던 샌들 두 켤레가 신발장 물에 흥건히 젖어 있었다. 샌들을 세탁실로 옮겨 두고 신발장 바닥을 닦은 후 다시 세탁실로 가서 젖은 샌들을 솔로 깨끗이 닦기 시작했다. 그런데 닦다가 깜짝 놀라고 말았다. 쿠바에 오기 전 사 온 샌들 바닥이 반으로 쫙 갈라져 있는 것이었다. 다른 쪽 바닥을 보니 갈라진 게 두 군데였다. 쿠바에 와서 발이 편한 이 샌들만 주야장천 신었더니 수명이 다 해 버린 것이었다. 신발 바닥이 이렇게 갈라질 수도 있다는 걸

처음으로 알게 된 나는 신기해서 남편에게 샌들을 보여줬더니 "자기, 그거 내가 꿰매 줄 수 있어."라며 해맑게 말하는 것이었다. 이럴 땐 어김없이 쿠바인인 내 남편. 물자가 귀한 쿠바에서는 신발도 꿰매 신는다는 걸 알게 되자 남편의 해맑음이 귀여우면서도 짠했다.

집도 물건들도 깨끗해지자 속도 시원해졌다. 다시 마음을 가다듬고 긍정의 나로 돌아오려는 찰나에 또 단수가 되었다. 이번 단수는 정확히 28시간 30분간 지속이 되다가, 한 시간 반 동안 물이 나오고는 다시 단수가 되었다. 다행히 한 시간 반 동안 남편이 각종 통에 물을 다 받아두었고, 나는 설거지며 부엌 청소, 빨래까지 싹 다 끝냈다. 물이 또 안 나오는 걸 알게 된 건 내가 샤워를 하려던 순간이었다. 밤 열두 시 사십 분이었다.

다음 날 아침에 일어나니 물이 나오더니 두 시간 후 다시 단수되었다.

그렇게 물난리가 나고 단수가 된 그날도 쿠바의 하늘은 여전히 예뻤다.

아… 애증의 쿠바!

쿠바에도 사계절이 있나요?

"쿠바에서는 어떤 날씨 앱을 사용하시나요?"

"쿠바에서는 인터넷이 잘 안 되어서 날씨 앱을 사용하지 않고, 아침에 일어나서 하늘을 보고 오늘 날씨가 맑겠다 아니면 비가 오겠다고 판단해요."

"하하, 역시 쿠바답네요!"

아침에 눈 뜨자마자 세탁실 창가에 가서 말레꼰 위로 펼쳐진 하늘을 보았다. 바다 위가 온통 안개가 낀 것처럼 뿌옇더니 잠시 후 먹구름이 몰려

오기 시작했다. 어쩐지 이틀 전부터 빨래가 잘 안 마르더니, 비가 오려는 전조였던 것이다.

갑자기 장대비가 쏟아졌다.

'왜 하필이면 오늘이야? 오늘 헤밍웨이 투어 가기로 했는데, 이렇게 비가 쏟아지면 어쩌지? 어제까지는 햇빛이 쨍쨍했는데…!'

쿠바 여행의 최적기(12월~3월)가 다가오자 어떤 나라인지 궁금한 친구들과 지인들의 방문도 가까워지고 있었다. 머나먼 쿠바 땅을 처음으로 밟을 사랑하는 이들에게 쿠바 이야기를 최대한 많이, 그리고 정확하게 들려주고 싶은 마음에 그동안 가보지 않았던 곳을 방문하기 시작했는데, 그중 하나가 핑까 비히아(Finca Vigía)였다.

지금은 박물관인 그곳은 『노인과 바다』로 노벨 문학상을 탄 세계적인 대문호 어니스트 헤밍웨이가 22년간 살았던 집이다. 헤밍웨이가 유명하다는 건 누구나 알고 있지만 내가 그에게 관심을 가지기 시작한 건 쿠바에 가야겠다고 마음먹은 후부터였다. 막상 쿠바에 와서 보니 헤밍웨이가 쿠바에 끼치는 영향은 내가 생각했던 걸 훌쩍 뛰어넘었고, 전 세계에서 그의 흔적을 찾아 쿠바를 방문하는 이들의 수가 실로 엄청났다. 다른 관광지에는 사람들이 별로 없을 때에도 헤밍웨이의 바(bar)로 유명한 엘 플로리디따(El Floridita)에는 관광객들로 넘쳐났으니. 그의 유명세를 대략은 알고 있었지만, 그가 살았던 집에 가 봐야겠다는 생각은 하지 않았는데, 이번 기회에 제대로 공부해 보고자 현지 전문가의 값비싼 투어를 신청해 놓았던 것이었다.

그곳은 아바나에서 약 20km 떨어진 곳이라 택시를 타고 가야 해서 헤밍웨이를 사랑하지 않으면 굳이 갈 이유가 없는 곳이기도 했다. 헤밍웨이 투어는 헤밍웨이가 약 30여 년간 아바나에 살면서 그가 좋아했고 살았던 곳을 걸어서 방문하는 투어(Finca Vigía만 택시 이동)로 비가 오면 여

러 가지로 불편한데, 이미 비용을 지불한 터라 우산을 쓰고 약속된 장소로 갔다.

가이드는 미국인이라고 해도 믿을 만큼 영어를 유창하게 구사하는 젊은 백인 쿠바 여성이었고, 손님은 나 혼자였다. 아버지가 마이애미에 살아서 그녀는 아버지를 만나러 미국에도 가고(마이애미에 약 200만 명 정도의 쿠바인이 살고 있다), 조상이 스페인계여서 스페인 여권이 있는 이중 국적자였다. 스페인 여권으로 제약 없이 전 세계 어디든 갈 수 있는 그녀는 다른 나라 비자 받는 게 하늘의 별 따기인 내 남편과는 대조적으로 쿠바에서 아주 복 받은 계층이었다.

스페인이 약 400여 년간 쿠바를 지배하면서 미안한 마음에 그런 건지, 조상이 스페인계면 쿠바인 후손들에게도 스페인 여권을 내어주는데 이중 국적의 혜택을 받는 쿠바인들은 스페인 정복자들의 후손이라 대부분 백인이다.

기대가 컸던지 그녀의 헤밍웨이 투어는 내 기대에 미치지 못했고(나도 그동안 나름 공부한 게 있었던지라), 손님도 나 혼자였기에 4시간짜리 투어가 한 시간이나 일찍 끝나 버렸다.

투어가 끝날 즈음에 비는 그쳤지만, 날씨는 여전히 흐렸다. 저녁이 되자 비바람이 오전보다 더 강해져 휘잉 휘잉 바람소리에 말레꼰을 덮어버리는 높은 파도 소리가 홑겹의 알루미늄 창문을 밤새도록 흔들어 댔다.

지금은 건기인데 왜 이렇게 내내 비가 오는 거지?

맑아야 하는 건기에 이유 없이 쏟아지는 비를 보니, 이곳에서 사계절을 나면서 겪은 '쿠바의 날씨'에 대해서 얘기하고 싶어졌다.

봄, 여름, 가을, 겨울의 사계절이 있는 한국과 달리 쿠바의 날씨는 비가 많이 오는 우기(여름)와 비가 적게 오는 건기(겨울)로 나누어진다. 통상적으로 5월에서 10월까지가 우기이고 11월부터 4월까지는 건기인데, 요즘은 전 세계적으로 기상 이변이 많다 보니 쿠바도 예외가 아니었다.

우기에는 이 나라에서 지내는 것 자체가 대단한 일이다. 땀을 거의 흘리지 않는 나도 집 밖에 나가서 1분만 있으면 온몸에서 땀이 줄줄 흘러내려 집에 들어오면 바로 샤워를 하고 옷을 갈아입기를 하루에 몇 번씩 해야 한다.

게다가 우기에는 비가 자주 오고 습하니 모기는 또 얼마나 많은가? 아바나에는 뎅기열 전문 병원이 따로 있을 정도로 뎅기열 환자가 많은데, 지난여름에 한국인 지인이 뎅기열에 걸려서 통역 겸 도와주러 병원에 함께 다녀왔더니 뎅기열 증세에 대해 웬만큼은 알게 되었다. 이 병원에서는 열대병과 에이즈를 전문적으로 연구하고 치료하는데, 외국인 전용이어서인지 입원 시설이 생각보다 괜찮았다.

우기인 여름 낮 카리브의 태양은 어쩌나 쨍쨍한지, 양산을 쓰지 않으면 머리 가죽이 타 버릴 것만 같고 바깥 활동을 조금만 하면 금세 지쳐서 낮잠을 자거나 충분히 쉬어 줘야 한다. 그렇지 않으면 버티는 것 자체가 힘들기 때문이다. 아마도 이런 날씨가 사람들을 게으르게 만드는 탓도 있으리라. 여름에 부지런했다가는 제 명에 못 살 테니까.

그러다가 건기의 시작인 11월이 되면 언제 더웠는지 까먹을 정도로 선선한 바람이 분다. 물론 낮에는 해가 쨍쨍해서 덥지만, 우기의 더위에 비하면 행복한 더위이다. 그런데 올 11월에는 이상 기온 현상으로 첫 주말과 두 번째 주말 동안 강력한 비바람이 몰아치더니 기온이 뚝 떨어지는 바람에, 추위를 유독 많이 타는 나는 6개월간 트렁크에 넣어두었던 긴 옷을 꺼내야 했다. 두 번의 이상 기온을 겪고 다시 건기의 날씨로 돌아왔지만, 갑작스레 또 한 차례의 비바람이 몰아쳤다.

'그래, 11월은 우기가 끝난 지 얼마 안 되었으니 이해를 할게. 그런데 쿠바에서 가장 날씨가 좋다고 알려진 12월에 이러면 안 되잖아!'

11월에서 4월까지 6개월 동안의 건기 중에서 내가 꼽는 최고의 달은 12월과 2월, 3월이다. 그 중간에 끼여있는, 남편이 좋아하는 1월은 추위를 싫어하는 나에게 2년 연속 심각한 감기몸살을 선물해 준 아주 두려운 달이어서 1월에 쿠바 여행을 오시는 분들께는 반드시 긴 옷을 챙겨 오시라고 신신당부를 한다. (내가 사는 수도 아바나 기준이고, 동쪽으로 가면 따뜻하다.)

12월이 지나고 1월이 되면 밤에 기온이 뚝 떨어지고 바람이 세차게 불면서 일 년 중 가장 추운 달이 되어 쿠바인들도 두꺼운 옷을 꺼내 입는다. 패딩이 있는 사람들은 패딩을, 패딩이 없는 이들은 자신이 가진 가장 따뜻한 옷을 입고 추위를 견딘다. 낮에는 여전히 해가 쨍쨍하지만, 세차게 불어오는 바닷바람은 기관지가 약한 나에게 치명적이다. 내 기관지가 이렇게 약한 줄 쿠바에 와서 알게 되었다. 1월에는 잠자리에 들기 전 아래위로 내복을 입고 엄마가 주신 스카프를 두르고 나서야 잠을 잘 수가 있고, 밤에 외출할 때에는 경량 패딩을 입어야 조금이라도 덜 아픈 한 달을 보낼 수 있다.

나와 체질이 다른 남편은 더위를 많이 타는지라, 1월에도 에어컨을 아주 약하게라도 틀어야 하는데 그런 남편과 함께 자려니 온몸을 따뜻하게 두를 수밖에 없었다.

두려움의 1월이 지나 2월 1일이 되면 날씨가 갑자기 좋아진다. 바람이 많이 불고 추워서 1월에는 가지 못했던 아바나 근교 바닷가를 2월 1일에는 갈 수 있는 게 신기할 따름이었다.

2월과 3월은 쿠바에 살기도, 여행하기에도 그야말로 최적의 달이다.

햇빛은 쨍쨍, 모래알은 반짝이며 말레꼰 위로 펼쳐진 파란 하늘에 그림 같은 구름이 둥실둥실 흘러가는 걸 보고 있으면, 아무것도 하지 않아도 그저 행복하다. 습도가 낮아서 활동하기도 편하고, 이른 저녁에 말레꼰 앞 루프탑 바에 앉아서 바다 위로 떨어지는 석양을 보며 마시는 칵테일은 내가 찾던 낙원이었음을 실감 나게 한다.

날씨가 좋다 보니 이때가 되면 관광객 수도 늘어나 각종 요금이 배가 되고 내가 원하는 대로 흥정하는 것도 힘들다. 그런데도 쿠바를 방문할 예정이라면, 날씨가 가장 좋은 2월이나 3월에 오셔서 아름다운 쿠바를 한껏 만끽하시라고 조심스레 추천해본다.

쿠바는 코로나19 청정지역인가요?

2020년 2월 28일 오전 9시, 집에서 나와 합승택시(콜렉티보)를 탔다. 기사님 옆 조수석에 앉았는데, 기사님이 나를 살펴보더니 말했다.

"미안하지만 내려주셔야겠어요."

당시 중국과 한국에서 코로나바이러스가 한창이었을 때라 기사님 마음을 금세 눈치채고 무슨 말을 하려는 찰나에 뒷자리에 앉은 세 명의 손님 중 한 아주머니가 물어보았다.

"너 쿠바에 있은 지 얼마나 됐어?"

"저는 쿠바 시민이에요. 결혼해서 여기 살고 있고, 산 지는 일 년이 훨

씬 넘었어요. 다들 무슨 걱정하는지 잘 알고 있는데, 그런 걱정 안 하셔
도 돼요."

그들은 다행이라는 듯이 안도의 한숨을 내쉬더니 치나(중국을 칭하는 스
페인어)가 어쩌니 하면서 얘기하다가 나에게 또 다른 질문을 했다.

"너 중국 사람이야?"

"아니, 나 한국 사람."

"······(침묵)."

쿠바 사람들은 말하는 걸 참 좋아한다. 게다가 말이 빨라서 내가 잘 알
아듣지 못할 때도 종종 있다. 그날 아침에는 모처럼 생긴 중요한 약속에
가는 길이라 모르는 이들과 쓸데없는 이야기를 하며 에너지를 낭비하고
싶지 않아서 묻는 말에 간단히 대답만 한 다음 입을 닫았다. 나를 주제로
이야기를 하는 건 알고 있었지만, 관심을 보이지 않았더니 당연히 내가
중국인일 거라고 생각하고는 확인차 질문한 것이었다. 하지만 내가 중국
인이 아닌 한국인이라고 하자 그들뿐만 아니라 기사님도 민망해하며 아
무 말도 하지 않았다.

사실 나는 '지금 한국도 확진자가 너무 많이 늘고 있으니 중국인이든 한
국인이든 별 차이가 없을 거야.'라는 생각으로 입을 다물고 있던 것이었
다. 다행히도 이들은 코로나바이러스의 발원지가 중국이므로 중국인들을
피해야 한다는 생각만 하고 있었고, 한국도 중국 못지않게 코로나바이러
스 확진자가 늘고 있다는 사실은 전혀 모르고 있는 듯했다. 곧이어 목적
지에 도착해 내리려는데, 기사님이 미안하다며 사과하셨다. 나는 괜찮다
고, 다 이해한다고 말하고는 웃으며 내렸다.

그들과 헤어져 약속장소를 향해 걸어가는데 갑작스레 불안감이 엄습하

면서 어깨가 움츠러들기 시작했다. 모두가 나만 쳐다보는 것 같았고, '저들 중 누군가가 내가 중국인이라고 생각하고 때리기라도 하면 어쩌지?'라는 생각이 들자 두려워진 것이다.

쿠바를 떠올리면 시가를 물고 있는 흑인, 또는 물라또(백인과 흑인이 섞여서 커피색에 가까운 피부색의 사람들-내 남편이 물라또이다) 할아버지나 할머니를 떠올리기 때문에 주로 쿠바인들은 까만 피부의 사람들일 거라고 생각하는데, 정작 이곳에 와보면 스페인 정복자들의 후예인 백인들이 아주 많다. 아시아계가 섞여 있는 사람들도 간혹 볼 수가 있는데, 쿠바 사람들은 이들을 '치노(중국 남자)' 혹은 '치나(중국 여자)'로 부른다.

19세기 초반 쿠바가 스페인의 식민지였을 때, 사탕수수 농장의 일꾼이 더 필요하자 스페인은 제3세계로 눈을 돌렸다. 그때 다수의 가난한 중국인들이 돈을 벌고자 스페인의 감언이설에 속아서 배를 타고 쿠바로 오게 되었는데, 이들은 돈을 벌기는커녕 사탕수수 농장에서 노예와 다름없는 생활을 했다고 한다. 그중 일부는 운 좋게 중국으로 돌아갈 수 있었지만, 그렇지 못한 이들은 쿠바에 뿌리를 내리고 살게 되어 이곳 사람들은 아시아인을 보면 당연히 중국 사람이려니 생각하고 '치노' 혹은 '치나'라고 부른다[*]. 내가 어릴 때 한국에서 백인만 보면 모두 미국인이라고 생각하는 것과 같은 이치다.

★스페인어에는 성, 수가 있다 보니 남성 명사 끝에는 o를, 여성명사에는 a를 붙여 구분한다. 그래서 중국 남자는 치노(Chino), 중국 여자는 치나(China)가 된다. 한국 남자는 꼬레아노(Coreano), 한국 여자는 꼬레아나(Coreana)이다.

그런 이유로 동양 여성인 내가 지나가면 어김없이 내 이름은 '치나'가 된다. 일부 남성들은 '치나' 뒤에 '린다'를 붙여서 '치나 린다' 혹은 '오예, 린다'라고 부르기도 해서, '내가 쿠바에 아는 사람이 이렇게 많았나?' 하고는 깜짝 놀라 뒤를 돌아보면 죄다 처음 보는 남자들이었다. 나의 이름 '

린다'는 스페인어로 '예쁜, 귀여운'이라는 뜻이라 길거리에서 할 일 없는 남자들이 여자만 보면 습관처럼 '린다'라고 부르는 것이었다. 지금까지 '예쁜 중국인'으로 불렸던 내가 졸지에 걸어 다니는 '꼬로나 비루(코로나바이러스를 쿠바에서는 이렇게 발음한다)'가 되어버리자 덜컥 겁이 난 것이었다. 중국에 대한 반감이 나에게 영향을 끼치기라도 할까 봐 앞으로는 외출을 최소화하고 남편과 같이 다녀야겠다고 다짐까지 하게 되었다.

유럽에서는 하루가 다르게 확진자가 늘어나고 있었지만, 쿠바는 여전히 '코로나19 청정지역'이었다. 그러던 어느 날 세 명의 이탈리아인들이 아바나 공항에 도착했다. 그들은 곧바로 '트리니다드'라는 도시로 이동하였는데, 그곳에서 코로나바이러스 확진을 받게 되었다. 쿠바에도 코로나바이러스가 들어온 것이었다. 2020년 3월 9일이었다. 깜짝 놀란 쿠바 정부는 곧바로 그들을 아바나에 있는 에이즈 및 열대병 전문 병원으로 옮겨 조치를 취했으나, 안타깝게도 61세의 이탈리아인이 3월 17일에 사망하였고, 그는 코로나19로 인한 쿠바의 첫 번째 사망자가 되었다.

코로나바이러스가 발생하기 전에도 쿠바의 상점에는 물건이 없었는데, 코로나19로 인해 유통에 차질이 생기면서 비누, 세제, 치약, 휴지, 닭고기 등 생필품과 식품을 구하기가 더 힘들어졌다. 그러다 보니 처음에는 사람들이 코로나바이러스에 동요하다가, 시간이 지나자 다시 먹고 사는 데로 주제가 돌아갔다.

이곳은 관광 수입이 꽤 큰 부분을 차지하고 있다. 코로나19로 국경을 폐쇄하면서 관광객이 더 이상 들어올 수 없게 되자 하루 벌어 하루 먹고 살던 쿠바인들은 생존의 위협을 느끼게 되었고, 쿠바 정부도 마찬가지였다.

현실이 더 영화 같은 요즈음 우리는 바이러스가 얼마나 무서운 것인지

난생 처음으로 경험하게 되었고, 이 경험으로 인해 앞으로 우리 삶의 방식이 완전히 바뀔 것이다. 이곳의 삶의 방식은 앞서가는 다른 나라들과는 무척이나 다르지만, 쿠바에서 나는 내 나름의 방법으로 코로나바이러스를 잘 이겨내고 이 기회를 잘 활용해 보려고 한다.

　예전에 책에서 봤던 한 문장이 떠올랐다.

　'위기는 위험한 기회이다.'

코로나19가 바꿔놓은 나의 술 취향

코로나19가 나를 바꿔놓은 게 여러 가지가 있는데, 최근에 하나가 추가되었다. 바로 술 취향이다.

나는 와인을 몹시 좋아하여 한국에서 혼자 살 때는 와인을 박스째 집으로 배달시켜 혼자서, 또는 친구들이 오면 같이 마시곤 했다. 특히 금요일 밤에 퇴근 후 집에 돌아와 깨끗이 씻은 후 소파에 앉아서 영화를 보며 한 잔 하는 와인은 힘든 한 주를 마감하고 금쪽같은 주말을 맞이하기 전에 행하는 하나의 의식 같은 일이었다.

퇴사를 하고 두 달 동안 쿠바에 왔을 때, 쿠바에도 와인오프너는 있을 거라 생각하고 챙겨오지 않았는데 한국에서는 편의점에서도 판매하는 와인오프너가 이곳에서는 전혀 보이지 않았다. (나중에 다른 동네에서 찾았지만, 몹시 비쌌다.) 결국 남편은 나를 위해 과도를 이용해 코르크를 병 안으로 밀어 넣는 원시적인 방식으로 와인을 오픈하였고, 그런 남편이 고맙고 미안해서 나는 가끔씩만 와인을 마셨다. 이후 쿠바에 다시 올 때에는 와인오프너를 7개나 챙겨 왔다. 한이 된 것이었다. 먹을 것도, 생필품도 부족한 쿠바에 과연 와인은 많을까? 당연히 많지 않다.

쿠바는 사탕수수의 나라이다. 스페인 식민지 시절부터 쿠바는 사탕수수가 원료인 설탕을 수출해서 막대한 돈을 벌었다. 그 사탕수수로 만든 유명한 것이 하나 있는데, 사탕수수즙을 증류해서 만든, 한국의 소주같이 쿠바를 대표하는 국민 술인 '럼'이다. 쿠바에서는 론(Ron)이라고 부른다.

세계적으로 유명한 럼 브랜드인 '바카르디(Bacardi)'가 쿠바의 제2도시인 산티아고 데 쿠바에서 19세기에 탄생했다. 지금도 아바나 시내에는 1930년에 건립된 12층짜리의 멋진 바카르디 빌딩이 있다.

1959년 피델 카스트로의 혁명 이후 모든 기업이 국영화가 되자 바카르디는 모든 걸 버리고 쿠바를 떠나 푸에르토리코와 도미니카 공화국을 거쳐 미국으로 건너갔다. 그러자 자연스레 피델의 혁명 정부에서는 바카르디의 생산이 중지되었고, 수출제품은 현재 쿠바에서 가장 유명한 럼인 하바나 클럽(Havana Club)으로 압축되었다. 올드 아바나에 가면 '하바나 클럽 박물관'이 있어서 럼을 만드는 과정을 상세히 볼 수가 있으며, 코스의 마지막에 4가지 종류의 각기 다른 럼을 시음할 수 있다.

하바나 클럽은 도수가 38도로 아주 높아 나는 그것을 멀리했다. 럼은 남편의 것이었고, 나는 와인 아니면 맥주를 마셨다. 그런데 코로나 시대에 들어서자 술 구하기가 점점 어려워졌다. 특히 와인을 사려면 특급호텔 주류점까지 삼, 사십 분을 걸어가서 한참 줄을 서서 기다린 후(1시간 이상 소요), 와인 몇 병을 사서 그 무거운 것을 들고 집으로 걸어와야 한다. 자가격리 기간이라 대중교통이 다니지 않아서 모든 곳을 걸어가야 하기 때문이다.

남편은 그렇게 해서라도 나를 위해 가끔씩 와인을 사 왔지만, 나는 그게 너무 미안했다. 그래서 어느 날 '꿩 대신 닭'이라는 심정으로 그나마 구하기 쉬운 럼을 한 번 맛보았다. 쓰고 맛이 없다고 생각했던 럼이 조금씩 마시다 보니 달달한 듯했다. 쓴맛 뒤에 숨어있는 단맛을 알아버린 것이었다!

하바나 클럽 한 병을 식탁 위에 두고는 책을 읽으면서 한 잔 하고, 식사 후에 남편이랑 한 잔 해보니 와인 대용으로 나쁘지 않다는 생각이 들었다. 도수가 높아서 많이 마실 수도 없으니, 한 병이 꽤 오래갔다. 가격도 와인보다 저렴하니 가성비도 훌륭했다.

하바나 클럽은 종류가 다양한데, 남편은 늘 저렴한 에스뻬시알(Especial)을 사가지고 왔다. 그것도 달달하고 괜찮았지만, 한 단계 높으면 더 맛있을까 싶어서 남편에게 한 등급 상향조정을 부탁했다. 그래서 나의 바람대로 남편이 엊그제 한 단계 높은 레세르바(Reserva)를 사왔다.

"자기야, 우리 새로운 럼 맛을 한번 볼까?"

내가 말하자 남편이 활짝 웃으며 잔을 꺼내었다. 그런데 잔이 세 개였다.

우린 두 사람인데 왜 잔이 세 개지?

한 잔은 돌아가신 그의 외할아버지를 위한 것이었다.

　남편은 늘 럼을 사면 뚜껑을 열고 문밖에 술을 조금 뿌린 후 첫 잔을 따라 외할아버지께 바친다. 그리고 나서 나와 남편을 위해 술을 따른다. 어제도 남편은 한 잔을 외할아버지께 바쳤다. 나는 그런 남편의 모습을 뒤에서 물끄러미 바라보았다.

　남편이 한국에 왔을 때 일이 떠올랐다. 한국에 도착한 다음 날 남편이 물어보았다.

　"자기, 혹시 작은 액자 하나 있어?"

　"액자? 어디에 쓸 건데?"

　"아, 외할아버지 사진 넣으려고."

　그러면서 그는 아주 외할아버지의 증명사진을 지갑에서 꺼내어 보여주었다. 마침 사용하지 않는 작은 액자가 하나 있어서 남편에게 주었다. 남편은 고마워하며 외할아버지 사진을 그 액자에 넣고는, 침대 옆 테이블에 자신의 종교인 요루바의 수호신과 함께 나란히 세워두었다.

남편은 돌아가신 외할아버지와 어릴 적 함께 살아서 외할아버지와의 추억이 아주 많다고 했다. 멋쟁이셨던 외할아버지는 하나뿐인 손주를 무척이나 예뻐하셨고, 그렇게 사랑을 듬뿍 받은 손자는 지금도 외할아버지를 가슴 한켠에 모시고 살고 있다. 그래서 한국과 쿠바에서 결혼식을 했을 때, 남편이 가장 그리워했던 분이 바로 외할아버지였다.

한국에서도 쿠바에서도 남편은 외할아버지 사진을 침대 옆에 잘 모셔 두었다. 그리고 어려운 일이 있거나 중요한 일이 있을 때 그분께서 살아 생전에 좋아하셨던 럼을 한 잔 바치고는 초에 불을 붙였다. 만약 외할아버지께서 살아계셨다면 나도 외할아버지와 함께 그분이 좋아하셨던 럼을 마실 수 있었을 텐데, 하는 생각이 들었다. 그래서 외할아버지께 럼을 바치는 남편의 모습이 더 애틋해 보였다.

다음에 럼을 사 오면 그때는 내가 남편의 외할아버지께 한 잔 올려드려야겠다. 그리고 한국에 가면 내 할아버지 무덤에 가서 소주 한 잔 올려드려야지. 내 할아버지는 소주를 좋아하셨으니.

쿠바 약 자랑 좀 할게요

코로나19로 쿠바의 국경이 봉쇄되고 한 달 정도가 지난 2020년 4월 28일, 남편이 보건소에 가서 작은 물약 하나를 받아왔다. 다른 사람들은 모두 의대생들이 집에 방문하여 나누어 주었다는데, 우리 집에는 왜인지 오지 않아서 남편이 보건소에 가서 직접 받아온 것이었다.

매일 아침에 일어나자마자 그 물약을 혀 아래에 다섯 방울 떨어뜨리기를 사흘 동안 한 후, 열흘 후에 한 번 더 떨어뜨리는 거라고 했다. 남편과 나는 시키는 대로 다 하고 나서도 일주일에 한 번씩 꾸준히 그 약을 복용했다. 아침에 일어나면 남편이, "자기, 여기 오세요!" 하면서 의자에 나를

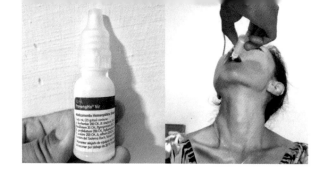

앉게 한 후 약을 떨어뜨려 주기 때문에 나는 그저 남편이 시키는 대로 하면 되었다.

　단지 면역력 강화에 좋은 것으로만 알고 있었는데, 자료를 찾아보니 이 물약은 각종 호흡기 질환과 감기, 인플루엔자와 같은 질병을 예방하는 것에 탁월한 효능이 있었다. 그리고 무엇보다 식물과 동물에서 추출한 자연 성분이라 부작용이 없는 게 큰 장점이었다.

　이 물약은 코로나바이러스가 발생하자 쿠바의 연구소에서 만들었다. 처음에는 기저질환이 있는 노인들과 환자와 접촉하는 의사들에게만 사용하게 했다. 그 후 온 국민에게 무료로 배포하여 호흡기 질환의 일종인 코로나로부터 감염이 되는 걸 예방하고자 했다. 이렇게 좋은 약을 무료로 빨리 온 국민에게 배포해 주었다는 게 이번 코로나19 기간 동안 쿠바 정부에서 한 일 중에서 가장 잘한 일이 아닌가 하는 생각이 들었다. (자체 백신을 만든 것과 함께) 코로나19가 생각보다 오래 지속되자 약을 구하는 게 힘들어져 확진자와 사망자가 늘어나고 있지만 말이다.

　이 약뿐만 아니라 쿠바에서 만드는 약의 품질은 전반적으로 월등해서 (대부분 자연산이다), 세계적인 제약회사들이 판매하는 약에 대한 불신이 가득한 나도 쿠바산 약은 믿고 복용한다. 만약 약이 있다면 말이다. 좋은 약은 대부분 수출하기 때문에 정작 쿠바인들은 필요한 약을 구하기 힘든 경우가 많다. 이런 이유로 쿠바인들은 만약 병을 고칠 수 있는 약이 있다면, 병원에 가는 것보다 약을 먹는 걸 선호하는 편이다.

쿠바는 교육과 의료가 무상이어서 병원에 가도 수납처가 없고(동물병원도 마찬가지다), 모든 진료가 무료이지만, 시간이 멈춰진 나라답게 병원시설이 몹시 낙후되었다. 특히나 한국과 같이 병원시설이 좋은 나라에서 온 나 같은 사람에게는 쿠바의 병원시설은 많이 부족해 보일 수밖에 없다. 이건 의료진들이 훌륭한 것과는 별개의 문제이다.

약이 좋다는 걸 강조하려고 병원을 낮추어 말한 건 아니지만, 아무튼 쿠바산 약과 영양제는 성분도 좋고 효과도 좋다. 한국에 판매하고 싶을 정도이다.

고지혈증에 효과가 뛰어나다는 쿠바산 폴리코사놀은 세계적으로 유명해서 한국분들이 오시면 많이들 사 가신다. 엄마도 TV에서 쿠바산 폴리코사놀이 좋다고 알려주는 방송을 보셨다고 했다. 외국인들은 고급 약국에서 돈을 주고 폴리코사놀을 살 수가 있지만, 쿠바인들의 경우 병원에서 처방을 받아야만 살 수가 있다. 물론 훨씬 저렴한 가격이다.

고지혈증 증세가 없는 남편과 나는 폴리코사놀은 복용하지 않고 대신

매끼 식사 후에 스피룰리나와 모링가를 챙겨 먹었다. 쿠바에서는 아주 저렴한 건강 보조제인데, 자연 성분의 좋은 영양소가 골고루 들어있어서 음식으로 부족한 영양분을 이걸로 채울 수 있기 때문이다.

운동선수 출신인 남편은 건강에 관심이 많아서, 나를 만나기 전부터 식후에 스피룰리나를 두 알씩 꼭꼭 챙겨 먹었다고 했다. 이제는 내 것도 챙겨 주어서 우리 둘 다 밥 먹고 나면 스피룰리나와 모링가를 먹는 게 습관이 되었다. 그런데 나의 경우, 모링가가 식욕을 억제하는지 먹고 나면 오랜 시간 동안 배가 고프지 않아서 더 이상 먹지 않았다. 남편도 예전만큼

식욕이 없다고는 했지만, 덩치도 크고 한참 잘 먹을 나이라 크게 영향을 끼치지는 않는 듯하여 모링가도 잘 챙겨 먹었다.

UN 식량농업기구에서 미래식품으로 지정한 스피룰리나는 예전에 한국인 최초의 우주인인 이소연 씨가 우주탐사를 갔을 때 섭취한 것이라고 해서 들어는 보았는데, 영양가가 풍부한 슈퍼푸드라는 것은 쿠바에 와서 알게 되었다. 필수 아미노산을 골고루 포함한 고단백질의 스피룰리나는 지구에서 가장 오래된 조류로 세포벽이 얇은 다세포 생물이다. 스피룰리나는 콜레스테롤 수치를 저하시키고, 소염작용을 하며 칼슘의 양이 우유의 10배나 들어있어서 뼈와 눈 건강에도 좋다고 한다. 뿐만 아니라 노폐물 배출에 탁월한 효과를 보이고 노화 방지에도 좋다고 해서 우리뿐만 아니라 지인들이 쿠바에 오면 구할 수 있는 만큼 구해주기도 했다.

예전에 쿠바에 먹을 게 없을 때, 피델 카스트로가 시민들에게 단백질 섭취를 위해서 모링가를 먹으라고 했다는 일화가 있을 정도로 모링가에도 영양소가 풍부하다. 얼마 전까지만 해도 쿠바에서는 소고기 판매가 금지였던지라(지금은 판매한다), 단백질 섭취를 소고기 대신 모링가에서 하라는 것이었다. 히말라야 지역이 원산지인 생명의 나무라 불리는 모링가는 우리 몸이 생성하지 못하는 9가지 필수 아미노산을 함유하고 있으며, 비타민, 미네랄, 항산화 성분이 풍부하여 세계 10대 슈퍼푸드로 선정되었다고 한다. 식물성 단백질뿐만 아니라 철분이 소고기의 2배 이상이라고 하는데, 피델은 이 모든 걸 알고 얘기를 한 것일까?

코로나19로 인해서 음식뿐만 아니라 약 구하기가 하늘의 별 따기가 되었는데, 상황이 좀 나아지면 다른 건 몰라도 쿠바 정부에서 약과 영양제는 계속해서 저렴하게 만들어서 시민들에게 보급해 주기를 간절히 바란다.

104일 만의 외출

전날 밤 11시가 채 못 되어 잠이 들었던 나는 새벽에 눈을 떴다. 그리고는 곧장 나의 아지트인 세탁실로 향했다. 그런데 조용해야 마땅할 말레꼰이 시끌벅적했다. 시계를 보니 새벽 2시 반이었다. '아, 맞다. 오늘이 토요일 밤이구나!' 그제야 상황이 이해되었다. 격리가 해제되어 그동안 금지되었던 말레꼰에서의 낚시가 재개되어 시끄러웠던 것이었다.

말레꼰이 보이는 창을 통해서 습하고 더운 기운이 훅하고 나를 덮쳤다. 그동안 새벽에 일어나서 세탁실에 오면 평화롭고 고요한 말레꼰이 나를 맞이해주어 글쓰기에 더없이 좋았는데, 이제 그 평화가 끝난 거라 생각하니 괜히 서운해졌다. 해제된 지 하루 만에 벌써 격리 생활이 그리워지다니!

'글을 써 볼까?' 했던 생각을 접고 다시 방으로 들어와서 잠을 청했다. 그나마 방은 시원했다.

우리 집에는 에어컨이 두 대 있는데, 하나는 거실에 다른 하나는 방에 있다. 거실 에어컨은 보통 한국에서 볼 수 있는 모던한 벽걸이형 에어컨인데, 이 중요한 에어컨이 고장 난 지가 좀 되었다. 거실 에어컨을 켜 놓고 안방 문을 열어놓고 있으면, 온 집이 시원해져서 편안하게 잠도 잘 자고 글도 잘 썼는데, 이제 그렇게 할 수 없게 되었다.

안방 에어컨은 그 옛날 골드스타(LG의 전신)를 연상케 하는, 벽에 구멍을 뻥 뚫어서 몸체를 끼워 놓은 골동품이다. 안방 에어컨은 작동이 되지 않아 한동안 방치해 두었는데, 다행히 열흘쯤 전에 몸체를 빼서 완전히 분리한 후 모든 문제를 말끔히 제거하고 다시 끼워 놓았던 터라 이제 작동은 잘 되었다. 이 골동품 에어컨의 최대 매력은 기차 통을 삶아 먹는 듯한 소리인데, 우웅 하며 엔진 돌아가는 소리가 얼마나 큰지 혹시라도 기계가 폭발해 버릴까 봐 당혹스러울 때도 있다. 소리에 예민하신 분들은 쿠바에서 숙소를 구하실 때 반드시 사진이나 실물로 에어컨 종류를 확인 후 예약하실 것을 추천한다. 물건 구하기가 힘든 쿠바에서는 고장이 나서 아예 사용을 못 할 정도가 아니면 계속 고쳐서 사용하기 때문에, 아직까지 이런 오래된 에어컨을 사용하는 까사(숙소)를 종종 볼 수가 있다.

남편은 휴대폰 알람을 새벽 5시로 맞춰 놓았지만, 조금 더 있다가 일어났다. 새벽에 일어났다가 다시 잠이 든 나는 천천히 일어나 남편이 만들

어준 달걀 샌드위치를 하나 먹고 외출 준비를 했다. 세수하고 미스트를 뿌린 다음 크림을 발랐다. 그리고는 그 위에 선크림을 발랐다. 104일 만에 발라보는 선크림이었다.

이제 옷을 입을 차례였다. 푹푹 찌는 7월이라 짧은 옷을 입어야 했다. '뭐 입지?' 잠시 생각하다가 눈에 보이는 반바지와 소매 없는 편한 상의를 입었다. '이제 다 됐네.' 하며 거울을 보고 있는데 남편이 방에 들어와서 나를 보더니 한마디 했다.

"자기, 그렇게 입고 나갈 거야?"

"응."

나의 대답에 남편이 정색하더니 말했다.

"자기, 외출하는 데 그 복장은 아니야. 제발 (제대로 된) '옷'을 입어줘!"

"이것도 옷인데?"

말하며 남편을 보니 표정이, 제발… 하며 애원을 하고 있었다. 속으로 나는 '쿠바 여자들은 다 이렇게 입고 다니는데, 그리고 시장에 가는 데 귀찮게 옷을 왜 차려입어?' 하면서도 애원하는 남편이 귀여워서 "알겠어." 하고는 제대로 된 옷으로 갈아입었다.

그런 내 모습을 보더니, "자기 예뻐!" 하면서 만족스러운 듯 활짝 웃었다. 그리고는 "자기, 목걸이 없어?"라고 하길래 또 한 번 웃고는 보석상자에서 오래전에 엄마가 사주신 작고 동그란 펜던트가 달린 목걸이와 귀걸이를 꺼내어 착용했다. 목걸이와 귀걸이까지 완벽히 착용을 마친 나를 보더니 남편은 나의 보디가드가 될 준비가 되었다고 했다. 이로써 104일 만의 첫 외출 준비가 끝이 났다. 집을 나서기 전에 기념으로 인증샷을 남겼다. 그리고 남편으로부터 주의사항을 들었다.

"자기야, 요즘은 다들 마스크를 하기 때문에 얼굴을 분간하기가 어려워. 그래서 나쁜 짓을 해도 잡기가 더 힘드니 각별히 조심해야 해. 알겠지?"

남편이 작은 우산 하나를 챙기라고 했다. 요즘음 우기라서 그런가 보다 했더니, 그 우산을 손에 들라고 했다. 일종의 무기인 셈이었다. 다른 쿠바 남편들이나 남자 친구들은 이 정도까지는 하지 않는데, 남편은 운동선수에 경호원 출신이어서 그동안 별별 위험한 일들을 많이 겪다 보니 최대한 안전한 방법으로 나를 보호하려는 것이었다. 혹시라도 쿠바에서 나에게 무슨 일이 생기기라도 하면 본인을 믿고 머나먼 쿠바까지 나를 보내주신 우리 부모님 얼굴을 어찌 보냐며 남편은 늘 나의 안전에 최선을 다했다. 남편의 그런 마음을 알기에 반항기로 똘똘 뭉친 나도 남편 말을 잘 듣고 항상 안전 제일주의로 조심에 조심을 거듭하며 살고 있다.

드디어 모든 준비가 완료되어 우리는 "파이팅!"을 외치고 문밖으로 나섰다. 코로나 전에도 아바나 시내의 일요일 오전 8시에는 사람들이 별로 없었기 때문에, 한산한 거리가 어색하지 않았다. 남편의 팔짱을 끼고 천천히 걸어서 큰 도로를 걸어갔다. 104일 만에 나와서 걷는 건데 감회가 새롭다거나 기분이 날아갈 듯 좋다거나 그런 건 없었다. 센트로 아바나의 길거리는 여전했다. 변한 게 있다면 외국에서 국위 선양을 하고 돌아온 의사들을 찬양하는 포스터가 벽마다 붙어있었다는 것이다.

첫 번째 목적지에 도달했다. ATM 기계였다. 다행히 줄이 길지 않았다. 할머니 한 분과 몸이 불편하신 할아버지 한 분뿐이었다. 나는 그들과 약간 떨어져서 줄을 선 다음 내 차례를 기다렸다.

기계가 두 대 있었다. 첫 번째 기계에는 돈이 없는지 아니면 문제가 있는지 투입한 체크카드가 그냥 나와버렸다. 그래서 옆 기계에 체크카드를 넣고 100쿡(12만 원)을 인출하려고 했더니, 역시 카드가 그냥 나왔다. 혹시나 해서 20쿡(2만4천 원)을 누르자 그제야 인출이 되었다. 그리고는 40쿡, 60쿡으로 높여서 여러 번 인출했다. 참 이해하기 힘든 시스템이었다. 분명히 기계에 돈이 들어있는데 한 번에 100쿡을 누르면 인출이 거부되고, 적은 금액을 여러 번 인출하면 가능한 건 대체 왜인지….

두 번 연달아 돈을 인출하고 세 번째 인출을 하는 도중에 국제 전화가 왔다. 한국에 있는 은행이었다. 한국에서 발급받은 체크카드로 쿠바에서 같은 기계에서 20쿡과 40쿡을 연달아 인출했더니, 혹시나 도난당한 카드인 줄 알고 본인 확인을 하기 위해서 전화를 한 것이었다. 본인이 맞음을 확인시켜 드렸고, 상대방은 감사하다고 하고는 전화를 끊었다. 이번이 처음은 아니지만, 은행에서 이런 전화를 받을 때마다 한국의 즉각적인 서비스에 놀라움을 금치 못한다.

ATM에 줄이 짧아서 여러 번에 걸쳐 현금 인출을 했는데도, 아직 시장을 가기에 이른 시간이라며 남편은 '그 성당'에 사진 찍으러 가자고 했다. "그래, 나온 김에 여기저기 가보자." 하면서 성당으로 향했다.

센트로 아바나에서 Reina(레이나, '여왕'이라는 뜻)라는 이름을 가진 큰 애비뉴에 위치한 그 성당은 2015년에 프란치스코 교황님이 아바나 대성당에 가시는 길에 방문하셨던 유명한 곳으로, 거리 이름을 따서 '여왕의 교회(Iglesia de Reina)'라고 불린다. 이 성당의 정식 명칭은 '라 빠로끼아 델 사그라도 꼬라손 데 헤수스 이 산 이그나시오 데 로욜라(La Parroquia del Sagrado Corazón de Jesús y San Ignacio de Loyola)'로 아주 길어서 남편과 나에게는 '그 성당'으로 통하는 곳이다. 이곳은 예수회 성당으로 얼핏 보면 가우디의 미완성 건축물인 바르셀로나의 '라 사그라다 파밀리아(성가족성당)'를 살짝 연상케 하는데, 내가 본 쿠바 성당 중에서 외관이 가장 멋진 곳이다. 이 성당은 관광지와 좀 떨어져 있어서 쿠바에 잠시 여행을 오신 분들은 거의 방문하지 않는 곳으로 한국인들에게는 생소하기도 하지만, 올드카 투어를 하면 지나가면서 볼 수가 있다.

차가 없는 한산한 도로에서 멋진 성당 사진을 찍고는 슬슬 시장으로 향했다. 시장이 가까워오자 비씨 택시(자전거 택시)들이 보이기 시작했고, 이미 줄이 꽤 긴 상점들도 있었다. 시장에 도착하기 직전 코너에 있는 야채 가게에 오이가 있길래 남편이 작은 오이 5개를 샀다. 그동안 오이가 없어서 못 먹었는데 눈에 보여서 냉큼 산 것이다. 오이는 개당으로 계산하지 않고 옛날식 저울에 달아서 리브라(미국에서 사용하는 파운드와 동일하며 1libra=454gram)로 판매한다. 그곳에서 우리는 큼직한 아보카도 한 개와 신선해 보이는 쪽파도 한 단 구입했다.

드디어 시장에 도착했다. 그런데 시장 입구에서 런닝 바람의 아저씨가 나를 못 들어가게 막았다. '이 아저씨가 왜 이러시는 거지?' 했더니 손 세정제(클로락스에 물을 섞어서 만든 것)를 뿌려주는 아저씨였다. 코로나 이후에 새로 생긴 신종 직업이었다. 그제야 나는 웃으며 아저씨가 뿌려주는 세정제를 손에 비비고는 동네 시장을 둘러보았다. 예전만큼은 아니었지

만, 생각보다 야채가 많았고 신선해 보였다.

한동안 쿠바인들이 밥 먹을 때 곁들여 먹는 고구마가 없었는데, 오늘
은 고구마가 많았다. 고구마는 아주 저렴했다. 내가 좋아하는 옥수수도
있었다. 작년에 먹었던 옥수수들은 딱딱해서 먹기가 힘들었는데, 올해는
옥수수가 말랑말랑해서 맛있게 먹고 있던 터라 옥수수도 5개 샀다. 이가
빠지고 듬성듬성한 게 반이지만, 멕시코에서 사 온 시즈닝을 뿌려서 먹
으면 아주 맛나다.

뒤쪽으로 가보니 한 가게에서 얼갈이 상추(한국의 얼갈이배추와 좀 다름)
를 팔고 있었다. 상추 상태가 좋아 얼갈이김치를 할 요량으로 두 단을 샀
다. 깐 마늘도 한 줄을 사고 호박도 하나 샀다. 쿠바에는 애호박은 없고 한

국의 단호박 같은 게 있는데, 코로나 때 남편이 사 와서 처음으로 먹어보았는데 맛있었다. 호박을 찐 다음 꿀을 섞어서 으깨어 먹으니 그야말로 꿀맛이었다. 그런데 이 맛있는 호박을 남편은 입에도 대지 않았다. 편식하지 않고 아무거나 다 잘 먹는 남편이 유일하게 먹지 않는 음식이 호박인데, 이는 종교적인 이유에서였다.

남편의 종교는 나이지리아의 토속신앙에서 유래된 '요루바'인데 이 종교에는 신들의 종류가 아주 다양하다. 그중에서 남편의 신은 '천둥의 신'인 '장고'라는 이름의 신인데, 이 신은 호박을 마지막 보루로 남겨놓았다고 한다. 그래서 몸이 아주 많이 아플 때 최후의 수단으로 호박을 먹기 위해서 평소에는 호박을 먹지 않는다고 남편이 설명해 주었다. 음식을 한 번도 먹지 않다가 먹게 되면 효과가 좋아서 아플 때 효력을 제대로 발휘할 거라는 근거에서 나온 거라고 했다. 맞는지 아닌지는 모르겠지만 남편이 믿는 거라 존중해 주었다.

시장에서 나와 집으로 가는 길에 작은 시장에 들러 파인애플도 하나 샀다. 얼갈이김치에 넣을 거였다. 사과나 배가 없는 이곳에서 파인애플은 김치를 담글 때와 고기 요리를 할 때 아주 요긴하게 쓰여서 내가 좋아하는 과일이다.

장을 보고 집으로 돌아오자마자 노트북을 열어서 장 본 내역을 가계부에 기록했다.

오이 5개–1,302원	아보카도 1개 – 625원
쪽파 1단 – 625원	고구마 한 봉지 – 625원
옥수수 5개 – 1,302원	상추 2단 – 1,250원
호박 1개 – 521원	깐 마늘 한 줄 – 1,042원
파인애플 1개 – 521원	

총 7,812원

기록을 마치자 노트북을 덮고 얼갈이김치를 담기 시작했다. 화학비료를 구하기가 힘든 쿠바의 야채들은 대부분이 유기농이라 몸에는 좋은데, 손질하는 데 시간이 오래 걸린다. 벌레도 나오고 흙도 묻어 있어 한 잎 한 잎 깨끗하게 씻어야 하기 때문이다. 그래서 야채를 사 오는 날이면 손질하는 데만 반나절이 훅 가버린다.

정성 들여 얼갈이김치를 담고는 식사 준비를 했다. 얼갈이김치를 하기 전에 따로 빼놓았던 푸릇푸릇한 상추에 갓 지은, 김이 모락모락 피어오르는 밥을 올린 후 쌈장을 찍어서 입에 쏙 넣었다. 또 다른 쌈을 싸서는 남편의 입에 넣어주었다. 고기 없이 그렇게만 먹어도 맛있었다. 그동안 남편이 나를 대신해서 열심히 장을 봐 왔는데, 오늘은 내가 직접 시장에 가서 골라온 재료들이라 더 맛이 날 수밖에. 그것도 104일 만에 간 시장이니 오죽할까.

배불리 밥을 먹고는 방에 들어가려는데 천둥소리가 우르르 쾅쾅 소리를 내며 나를 불렀다. 방으로 들어가던 발걸음을 세탁실로 옮겨 창밖을 보니 먹구름이 온 하늘을 덮고 있었다. 내가 지금까지 본 최고로 멋진 먹구름이었다. '먹구름이 이렇게 멋질 일이야?' 하며 한참을 바라보았다.

먹구름조차 나의 104일 만의 외출을 축하해 주었다.

하늘이 없다면 쿠바에 살 수 있을까?

일찍 일어나면 혁명 박물관에 가려고 했는데, 늦게 일어난 데다가 일어나자마자 얼큰한 경상도식 소고깃국이 너무 먹고 싶어서 밥을 해 먹고 정리하고 나니 어느새 점심시간이 되었다. 그래도 나가야겠다고 남편에게 얘기하니, 남편은 나를 혼자 보낼 수 없다며 함께 외출 준비를 하였다.

남편이 오늘도 입고 나갈 옷을 정해 주어서 나는 금세 준비를 마쳤다. 오늘은 남편이 목걸이 타령은 하지 않고 눈썹을 안 그릴 거냐고 물어보았다. 그 말에 또 웃겨서 하하하 웃다가 "알겠어." 하고는 아이라이너를 가지고 와서 거울 앞에 섰다. 이곳 사람들의 눈썹은 프리다 칼로의 눈썹만큼이나 아주 진한데 반해, 내 눈썹은 연한 데다가 자라다 만 것 같다. 그런데도 나는 눈썹을 그리는 게 귀찮아서 그동안 그리고 다니지 않았는데, 근래 들어 몇몇 지인들의 가이드를 하면서 외모에 신경을 조금 써 볼까 하는 마음에 액상 아이라이너를 눈썹에 살살 칠하고는 문질러 줬더니(눈썹 펜슬이 없어서), 눈썹이 꽤 보기 좋게 그려졌다. 얼핏 보면 앵그리 버드 같기도 한데, 남편은 진한 눈썹이 예쁘다며 아주 좋아했다. 그래서 거의 4개월 만에 남편이 좋아하는 앵그리 버드로 변신해 보았다.

이번에는 첫 외출 때보다 준비하는 시간이 줄어들었다. 남편의 주의사항도 없었다. 마스크를 착용하고는 "자, 출발!" 하면서 집을 나서서 말레꼰 쪽으로 걸어가고 있었다. 그런데 아뿔싸! 휴대폰을 세탁기 위에 올려 두고 온 게 갑자기 생각났다.

"아 맞다, 나 휴대폰 집에 두고 왔어. 어쩌지?"

"(머리를 긁으며 한숨을 쉬더니) 아, 그럼 집에 돌아가야지."

"(미안해하지만 웃으며) 나는 여기 있을 테니 자기가 가서 가져올래?"

"(약간 힘이 빠진 듯) 응, 알겠어."

"(코맹맹이 소리로) 어디 있는지 알지?"

"응."

학다리를 가진 남편은 금세 내 휴대폰을 가져와서는, "요깄~네" 하면서 웃으며 건네주었다. 평소 같았으면 휴대폰 없이 그냥 갔을 텐데, 오랜만에 나온 터라 아바나의 이모저모를 카메라에 담아볼 예정이어서 휴대폰이 꼭 필요했다.

우리는 건물 쪽으로 걷다가 말레꼰 바다 쪽으로 가려고 길을 건넜다. 오랜만에 말레꼰을 배경으로 사진을 찍고 계속 걸어가는데, 길 건너편에서

어떤 젊은 남자가 우리 쪽을 보면서 손짓했다. 남편도 나도 택시 호객꾼인 줄 알고 무시하고는 그냥 지나쳤는데, 그 남자가 길을 건너 우리 쪽으로 오는 것이 아닌가. 그제야 남편이 그를 알아보고는 깜짝 놀라더니 마스크 때문에 몰라봤다며 반가워했다.

나는 누군지도 모른 채 악수만 하고는 말레꼰 반대편 하늘을 쳐다보았는데, 순간 "미쳤다!"라는 말이 나와버렸다. 화산이 폭발하듯 뭉게뭉게 피어난 새하얀 구름들이 장관을 이루고 있었다. '이건 현실이 아니야!'라고 하며 사진을 이리 찍고 저리 찍고 동영상도 찍으면서 한참 감상에 젖어 있었다.

'어쩜 쿠바의 하늘은 하루도 안 예쁜 날이 없을까?'

그동안 남편은 오랜만에 만난 친구와 수다를 떨다가 헤어졌고, 나는 그가 떠나고 나서야 누구인지 알 수 있었다.

우리는 말레콘을 따라 계속 걸었다. 곧이어 코로나19가 시작하기 몇 개월 전인 2020년 11월 1일에 오픈한 아바나에서 가장 새 호텔인 일명 사자호텔이 나타났다(본 명칭은 'Paseo del Prado'인데 사자 그림이 있어서 '사자호텔'로 부른다). 안 그래도 석양 무렵에 이 호텔 루프탑에 가보려고 했는데('석양 뷰'는 가히 최고다), 이 5성급 호텔의 문은 굳게 닫혀 있었다. 길 건너 사자 호텔 전에 오픈한 또 다른 5성급 호텔(Hotel Packard)도 마찬가지였다. 관광객들로 가득 찼던 아바나의 모든 특급호텔들이 코로나19가 시작되면서 문을 닫았는데, 언제 열릴지 모르는 채 계속해서 닫혀 있는 걸 보니 마음이 착잡했다.

▲ 혁명 박물관

하늘을 보니 곧 비가 올 것만 같아서 집으로 갈까 했는데, 남편이 비가 오면 다른 데 가서 비를 피하면 되니 일단 목표한 곳에 가자고 했다. 두 특급호텔을 지나 조금 걷다 보니 혁명 박물관이 보였다. 멀리서 얼핏 보면 프랑스 건물 같은 혁명 박물관은 미군정이 통치하던(쿠바 대통령이 있었지만) 1909년에 건축을 시작하여 1920년대에 완공이 되었다. 건물의 설계는 로돌포 마루리(Rodolfo Maruri)라는 쿠바의 건축가와 폴 벨로(Paul Belau)라는 벨기에의 건축가가 맡았고, 내부 인테리어는 그 유명한 뉴욕의 티파니가 책임을 졌기 때문에, 멀리서 보아도 눈에 띌 정도로 건물이 화려하고 티파니에서 엄청난 돈을 퍼부어서 내부도 꽤 화려하다. (내부는 꾸준히 리모델링 중이다.)

혁명으로 세워진 나라답게 혁명 박물관은 쿠바에서 가장 중요한 건물 중의 하나인데, 1959년 1월 1일 혁명 후 쿠바의 동쪽 산티아고 데 쿠바에

있던 피델 카스트로가 1월 8일에 아바나에 입성하여 첫 연설을 한 곳으로 유명하다(발코니에서 연설함). 1920년부터 혁명 전까지 대통령궁으로 사용되었던 이 아름다운 건물은 혁명 후 정부 건물로 사용되었고, 1974년부터 지금까지 혁명 박물관으로 자리를 지키고 있다.

쿠바의 모든 박물관이 매주 월요일에 문을 닫는 데 반해, 이 혁명 박물관은 365일 문을 열어 쿠바인들뿐만 아니라 쿠바를 방문하는 모든 이들의 마음에 혁명 의식을 고취시키려는 쿠바 정부의 의지가 보이기도 한다. 하지만 다른 박물관보다 비싼 입장료(약 1만 원)로 인해 한국인 관광객들의 방문 비율이 높지 않은 듯하여 아쉬운 감이 있다. 역사에 관심이 많은 나는 이미 혁명 박물관에 여러 번 가보았고, 유료 가이드 투어도 들어보았는데, 피델 카스트로의 책을 읽고 나니 확인해보고 싶은 것들이 생겨서 또 가려고 했던 것이었다. 앞으로도 꾸준히 공부해서 언젠가 역사에 관심이 많은 한국분들이 오시면 혁명 박물관 투어를 하고 싶은 작은 소망이 있다.

▲ 앙헬 광장

　혁명 박물관 옆 큰 도로를 건너면 마치 유럽의 어느 골목 같은 앙헬 광장(Plaza Ángel)이 나오는데, 광장이 예쁘다 보니 유독 이곳에서 15세 성년식 사진 촬영을 많이 한다. (스페인의 식민지였던 중남미의 나라들은 15세 때 여자아이들의 성년식을 하는 것으로 알고 있는데, 쿠바도 그중 하나이다.) 나 또한 친한 동생들이 아바나에 오면 이곳에 데리고 와서 사진을 찍어주었다. 이곳은 영화 「분노의 질주」에도 나왔던 곳이다.

　낮에도 예쁘지만, 밤이 되면 노란 불빛들로 유독 더 예쁜 이곳에는 6~7개의 레스토랑이 있는데, 관광지 중에서도 가격 대비 맛과 분위기가 다들 괜찮아서 나도 가끔 이곳에서 밥을 먹곤 했다. 그런데 오늘 보니 문을 연 곳이 한두 군데뿐이었고(그중 한 곳에 「트레블러」의 류준열이 가서 피자를 맛있게 먹었다고 들었다), 빈 테이블들이 괜히 초라해 보여 "안녕하세요" 하

며 인사를 하는데도 눈을 마주칠 수가 없었다.

🔺 오비스뽀 거리

올드 아바나의 골목에 진입했다. 집을 나와서 걷기 시작한 지 한 시간이 지나자 등은 이미 땀으로 흠뻑 젖었고, 마스크 안에 숨겨진 코와 입가에도 땀이 흐르는 게 느껴질 정도로 뜨겁고 습한 날씨였다. 나는 작은 가방 하나만 들고 한 시간 동안 걸었는데도 푹푹 찌는 더위에 몹시 힘든데, 남편은 그동안 이런 날씨에 일주일에 몇 번씩이나 마스크를 쓰고 먹을거리를 구하러 나가서 몇 시간씩 걷고 줄을 서며 그 무거운 음식들을 가지고 다시 집으로 걸어온 걸 생각하니 너무 미안해졌다. 남편 덕분에 내가 잘살고 있음에 새삼 감사한 마음이 들었다. 고마워요, 조 서방!

우리는 골목을 요리조리 걸어서 목적지인 오비스뽀(Obispo) 거리에 도착하였다. 올드 아바나에서 관광객이 가장 많은 골목인 오비스뽀에는 내가 즐겨 찾던 환전은행과 통신사인 에텍사(ETECSA)가 있는데, 나는 일단 ATM에서 돈을 찾고 환전은행에서 쿡(CUC)을 쿱(CUP)으로 환전할 예정이었다. (2021년 1월 1일부터 쿠바의 화폐가 쿱으로 통합이 되어 더 이상 쿡은 사용되지 않는다. 하지만 그전까지 쿠바에는 화폐가 두 가지였고, 두 가지 모두 사용했기 때문에 환전이 필요했다. 참고로 1CUC=24CUP이었다.)

먼저 환전은행 옆 ATM으로 갔다. 몇 명이 줄을 서 있었고 4대의 기계 중에서 3대가 작동했다. 한참을 기다리자 내 차례가 왔고 돈을 인출했다. 역시 이곳은 시원하게 한 번에 인출이 잘 되었다. 쿡을 인출하고는 쿱 환전을 위해서 은행 입구에 줄을 섰다. 이 은행에는 14개의 창구가 있는데, 현재 운영을 하는 곳은 단 한 창구였다. 은행 안 뒤쪽에는 5명의 직원들이 왔다 갔다 하며 잡담을 하고 있었고, 앞쪽에서는 청원경찰 아저씨와 번호표를 주는 아주머니(지금은 할 일이 없는)와 어떤 남자, 이렇게 셋이 수다를 떨고 있었다. 코로나 때문에 일하는 사람이 한 명이라 손님도 한 명씩만 은행 안으로 들어갈 수가 있었다. 내 차례가 되었다. 은행 문을 열고 들어가니 시원한 에어컨 바람에 나가기가 싫어졌다. (외국인들이 주요 고객이라 유독 이 은행에만 에어컨이 나온다. 다른 은행들은 엄청나게 덥다.) 신분증을 주고는 쿱으로 환전했다.

♠ 에텍사 통신사

은행 볼일이 끝나자 쿠바의 전화와 인터넷을 책임지고 있는 에텍사(ETECSA)로 갔다. 오비스뽀 거리에는 에텍사가 두 군데인데, 나는 원래 있던 곳 말고(「트레블러」에서 류준열이 2시간 줄을 섰던 곳) 2020년 11월에 아바나 500주년 기념으로 탄생한 아주 모던하고 깨끗한 디지털 에텍사(Digital ETECSA)로 갔다. 이곳도 환전은행과 마찬가지로 내부는 넓은데 손님은 한 명씩만 들여보냈다. 여기서도 20~30분을 기다렸다. 그 사이에 남편은 또 우연히 대학 동창을 만나서 담소를 나누기 시작했다.

내 차례가 되어 직원이 뿌려주는 손 세정제를 닦으며 에텍사 안에 들어가니 역시 너무 시원했다. 내가 방문한 오비스뽀 거리에 있는 환전은행과 에텍사는 쿠바인들에게 꿈의 직장이다. 이 더운 나라에서 에어컨이 빵빵 나오는 곳은 거의 없는데, 이곳에서는 에어컨도 빵빵 나오고 일은 많지 않으니 얼마나 꿀 직장인가! 시어머니 말씀에 의하면 에텍사는 점심도 무료로 제공한다고 했다. 그곳에서 나는 휴대폰에 요금을 충전하고 인터넷 카드를 구입했다. 인터넷 카드는 인당 3장씩만 판매하므로 나와 남편의 신분증으로 총 6장을 구매할 수 있었다.

목표한 일을 끝내고 남편이랑 길거리를 구경하며 걷다가 ATM이 보이길래 나온 김에 돈을 좀 더 인출해야겠다는 생각이 들어 지갑을 꺼냈다. 그런데 한 시간 전에 현금을 인출했던 나의 체크카드가 있어야 할 그 자리에 없었다. 체크카드가 있던 자리에는 인터넷 카드만 6장이 꽂혀 있었다. 다시 보아도 마찬가지였다. 지갑의 다른 칸도 확인해보았으나 카드는 보이지 않았다. 순간 정신이 멍했다. '뭐지?' 하고는 다른 지갑과 가방을 모두 확인을 해 보았는데, 역시 카드는 없었다. 곰곰이 생각해 보았다. 내가 현금을 가방에 넣은 것까지는 정확히 기억이 났는데, 그다음이 기억나지 않았다. '너무 덥고 힘들어서 내 머리가 작동을 멈춰 버린 것인가?' 끝까지 기억이 안 나는 걸로 봐서 ATM에 카드를 넣어둔 채 나와 버린 걸로밖에 해석할 수 없었다. 분명히 내 뒤에 어떤 쿠바 여자가 있었는데,

그 여자가 내 카드를 봤을 텐데 아무 말도 하지 않았다는 것이었다. 누굴 탓해. 내 잘못인데.

남편에게 얘기하고는 다시 은행으로 갔다. 내가 사용했던 ATM은 사용 중지가 되어있었다. 남편이 은행 청원경찰 아저씨께 나의 상황을 설명하며 혹시 카드가 끼어있는지 확인할 것을 공손히 부탁하였다. 기계 담당자가 확인해보았는데 카드는 보이지 않는다고 했다. 내가 옆에 있는 기계도 확인해 주시면 좋겠다고 했더니 그 기계도 확인해봤는데 역시 카드는 없다는 답변이 돌아왔다.

보통 돈을 받고 카드를 뽑지 않으면 거슬릴 정도로 삐삐 소리가 나서 카드를 안 뽑고 그냥 가기가 힘든데, 기계도 더위를 먹은 것인지 생전 없던 일이 일어나 버린 것이었다. 더위에 지쳐서 놀랍지도 흥분되지도 않았다. 남편도 나와 같은 상태였다. 남편이 차분하게 분실신고부터 하라고 해서 알겠다고 하고는 한국에 있는 은행에 연락했다. 한국은 새벽인데 금세 답이 왔다. 그래서 아주 손쉽게 분실신고를 마쳤다. 역시 행정은 한국을 따를 데가 없다.

'이럴 줄 알았으면 아까 돈을 많이 인출할 걸. 이제 또 신용카드로 인출하면 수수료도 높아질 텐데. 아… 몰랑.'

예정대로 8월에 한국에 간다면 체크카드도 새로 발급받고 딱 좋을 뻔했는데, 내가 잘못해놓고선 아쉬움이 몰려왔다. 7월 7일 더블 럭키의 날에 나는 이렇게 어이없이 하나뿐인 체크카드를 떠나보냈다.

우리는 다시 걸어서 집으로 돌아왔고, 오자마자 나는 찬물에 몸을 던졌다. 세 시간을 넘게 걸었더니 내 몸이 내 몸이 아니었다. 씻고 나니 그렇게 개운할 수가 없었다.

카드를 잃어버려서 운이 좋지 않았다고 생각했던 나는 석양이 질 무렵 하늘을 보고 그 마음을 고스란히 접어 버렸다. 속상했던 마음을 충분히 보상받았기 때문이다. '이걸 보려고 내가 여기 살고 있나?'라는 생각밖에 들지 않을 정도의 엄청난 석양이었다.

이렇게 멋진 하늘이 없다면, 나는 아직도 쿠바에서 살고 있을까?

얘들아, 피자 먹을래?

통신사에 볼일이 생겼다. 큰맘 먹고 구입한 알카텔 휴대폰에 문제가 생긴 것이었다. 통신사 직원이 휴대폰에 문제가 생겨 교체하거나 환불하게 되면 서류뿐만 아니라 상자 안에 든 모든 부속품을 몽땅 다 가지고 와야 한다는 말을 하였던지라, 나는 하나도 빠짐없이 모든 물품을 휴대폰 박스 안에 챙겨 넣고는 남편과 함께 집을 나섰다.

비가 올 것 같더니 해가 쨍쨍한 날이었다. 운동화를 신고 파워워킹이라도 하듯 다리에 힘을 주고 양팔을 규칙적으로 흔들며 올드 아바나를 향해 걸어갔다. 해제 3단계에 들어간 아바나는 다시 살아나고 있었다. 그중에

서도 올드 아바나에서 가장 상업적이고 복잡한 거리인 오비스뽀(Obispo)
에는 놀라울 정도로 사람들이 많아서, 마치 코로나 이전으로 돌아간 듯한
착각을 불러일으켰다.

오비스뽀 거리 초입에서부터 모든 상점마다 사람들의 줄로 가득했는
데 딱 한 군데, 디지털 에텍사 통신사에만 사람이 한 명도 서 있지 않았
다. 일요일이라 문을 닫았나? 싶었는데 내부에 불이 환하게 켜져 있었고,
직원들도 보였다. 다행이었다. 그 넓은 곳에 역시나 한 명만 들어갈 수가
있어서 남편은 밖에서 기다리기로 하고, 나는 서류와 휴대폰 박스를 챙겨
서 혼자서 들어갔다.

새로 산 휴대폰에서 발생한 문제를 설명하였더니, 카운터에 앉아 있는
직원은 잘 모르겠다며 나를 다른 직원에게로 데리고 갔다. 그 직원도 컴
퓨터에서 이것저것 정보를 찾아보았지만, 해결되지 않자 결국 나에게 휴
대폰을 판매했던 직원이 내 앞에 나타났다. 그리고 결국 그녀의 도움으로
문제를 말끔히 해결할 수 있었다.

몇 시간씩 기다리는 것이 일상인 이곳에서 아무 기다림 없이 들어가서
생각보다 빨리 문제 해결되자 기분이 아주 좋았다. 마치 공돈이 생긴 것
처럼 말이다. 생글생글 웃으며 통신사를 나와서 남편에게로 갔더니 남편
이 물었다.

"자기, 이제 뭐 하고 싶어?"

딱히 할 일도 없었고, 집에 가서 문제가 해결된 휴대폰으로 글을 써보
고 싶어서 집에 가자고 했다.

"알겠어. 그럼 우리 근처에 있는 야채 시장에 가서 야채 좀 사서 집에
가자."

남편의 말에 우리는 야채 시장 쪽으로 발걸음을 옮겼다. 그리고 나는 또다시 파워워킹을 시작했다.

남편이 말한 야채 시장에는 살만한 야채가 하나도 없었다. 그냥 빈손으로 나왔더니 괜히 허전했다. 혹시 근처에 내가 좋아하는 식당들이 문을 열었나 가보았다. 하나는 굳게 잠겨 있었고, 다른 하나는 내부 준비 중이었다. 관광객들이 주 고객들이고 가격대가 있는 곳이라, 그곳은 특급호텔들처럼 쿠바가 열려야 오픈할 것 같았다.

아 맞다. 오늘은 일요일이지? 일요일에는 선데이 브런치를 먹어줘야 하는데, 라는 예전의 습관이 불쑥 튀어나왔다. 그리고는 곧, 이곳에서 나는 매일이 선데이인데 뭐가 특별하다고 선데이 브런치야? 라는 생각을 하면서도 내 발걸음은 벌써 앙헬 광장(Plaza Ángel)으로 향하고 있었다.

앙헬 광장에 있는 식당들도 대부분 닫혀 있었지만, 두 식당만은 열심히 영업 중이었다. 딱히 그곳에서 밥을 먹으려고 마음을 먹지는 않았지만, 내 팔랑귀는 이미 종업원의 스페셜 프로모션에 홀라당 넘어가 버린 상태였다.

"자기야, 여기 끝내주네. 음료 두 잔에 애피타이저 하나, 메인요리 두 개까지 해서 이만 원이래. 우리 여기서 밥 먹고 가자."

남편은 자신은 배가 안 고픈데, 내가 원해서 마지못해 가는 거라고 하며 자리에 앉았다. 나는 안다. 저렇게 말하고는 남편이 나보다 많이 먹을 거라는 것을. 내가 돈 쓰는 게 미안하니까 괜히 저런다는 것을.

나는 스페셜 프로모션을 주문했고, 음료는 남편을 따라 맥주를 주문했다. 웃기는 게 프로모션에 포함되는 맥주(음료)는 수입 맥주였고, 쿠바 맥주를 마시려면 따로 주문해야 했다. 당연히 프로모션에 포함된 수입 맥주를 마시겠다고 했다. 남편 말로는 예전에는 더운 여름에 시원한 맥주 한 잔 하는 게 낙이었는데, 어느 날 맥주 공장 하나가 문을 닫으면서(맥주 재료를 구할 수가 없어서라고 한다), 맥주 구하기가 너무 힘들어졌다고 했다. 그래서 식당에서도 수입 맥주보다 쿠바 맥주가 더 비쌀 수밖에 없었다. 메인으로는 햄, 베이컨, 초리소에 치즈가 듬뿍 담긴 메뉴에서 가장 비싼 피자와 내가 좋아하는 마늘이 잔뜩 들어간 오일 파스타를 주문하고는 와이파이를 사용하기 시작했다.

지금까지 쿠바에서 만난 대부분의 'wifi 무료'라는 사인은 그 장소에서 와이파이가 된다는 뜻이지, 와이파이를 무료로 사용할 수 있다는 뜻은 아니었다. 와이파이를 사용하려면 인터넷 카드가 필요했다. 그런데 이 식당은 몇몇 특급호텔처럼 인터넷 카드 없이 패스워드를 입력하면 와이파이를 무료로 사용할 수가 있었다. 코로나19로 쉬는 동안 미래를 위해서 세심하게 준비해 온 게 보였다.

확실히 인터넷이 되는 곳에서는 대화가 줄어들었다. 아직도 이곳은 데

이터가 비싸다 보니 남편은 공짜 인터넷으로 유튜브를 보느라 고도의 집중력을 발휘하였다. 애피타이저가 나왔음에도 내가 몇 번이나 먹으라고 한 다음에야 먹었으니 말이다. 나도 기회를 놓칠세라 메인요리가 나오기 전에 인터넷으로 할 일 몇 개를 후딱 해치웠다. 와이파이 속도도 나쁘지 않아서 만족스러웠다.

드디어 메인 식사가 나왔고 때맞춰 어디선가 고양이 한 마리가 나타났다. 눈치가 백 단인 고양이는 남편과 나 사이에 자리를 잡고 애처로운 눈

빛으로 우리를 번갈아 가며 쳐다보기 시작했다. 이러면 우리 둘 다 마음이 약해지는데… 애절한 눈빛을 계속해서 보내는 고양이가 맘에 걸려 결국 피자에 있는 초리소 큰 걸 하나 떼어 주었더니, 요리조리 냄새를 맡고 살핀 후 아주 맛나게 먹었다. 그리고는 다시 내 옆에 와서 나를 빤히 쳐다보았다. 아까보다 더 강력해진 눈빛이었다. 그때부터는 햄을 조금씩 떼어 천천히 주기 시작했다. 고양이가 너무 예뻤다.

우리는 오일 파스타를 다 먹었고, 피자도 한 조각씩 먹었다. 예상대로 남편은 피자가 맛있어서인지 배가 안 고프다고 하면서도 몇 조각을 더 먹었다. 나는 금세 배가 불러서 피자 한 조각을 먹고 나니 더는 먹을 수가 없었다. 큰 피자의 반이 사라졌고, 나머지 반은 집에 가져가서 먹기로 했다. 오랜만에 하는 외식에 기분이 좋아서 디저트까지 먹고는 남은 피자는 포장해 달라고 부탁했다. 이제 무료 인터넷과 이별할 시간이었다.

코로나19로 손님이 별로 없자 직원들도 예전보다 더 친절하고 열정적으로 일을 해서 아주 기분 좋게 식사를 마칠 수가 있었다. 평소보다 팁도 좀 더 드리고는 집을 향해 천천히 걷기 시작했다.

얼마 못 가서 호세 마르띠(쿠바의 국부) 동상이 있는 공원에서 한 무리의 아이들을 만나게 되었다. 인라인을 타는 아이도 있었고, 보드를 타는 아이도 있었다. 다양한 나이의 남녀 아이들이 섞여 있었다. 내가 잠시 동상 앞에 서 있었는데, 금세 아이들이 나타나 동상 앞에 소복이 앉는 것이었다. 그 모습이 귀여워서 사진을 몇 장 찍었더니 몇몇 아이들이 수줍게 "쌩큐"라고 말하며 웃었다. 그 말에 뒤를 돌아보며 나도 그들에게 미소로 답하며 손을 흔들고 가는데, 누군가가 사탕이 있냐고 물었다.

사탕? 아, 안타까워. 집에 아이들이 좋아할 사탕이 많이 있는데 지금은 아무것도 없네, 하며 아쉬워하는 순간 내 손에 들린 피자 상자가 눈에 들어왔다. 남편에게 물었다.

"자기야, 아이들에게 이 피자를 줘도 될까?"

남편은 웃으며 고개를 끄덕였다. 나는 아이들에게 다가가서 "얘들아, 피자 먹을래?"라고 했더니 "피자?"라고 말하고는 모두 춤을 추고 환호성을 지르며 그야말로 난리가 나 버렸다.

이게 그리도 난리가 날 일이라니! 하고 생각을 하면서도 그런 아이들의 모습에 나도 몹시 신이 나서 곧바로 쪼그리고 앉아 상자를 열어서 피자를 보여주었다. 흥분하는 아이들에게 초등학생 핸드볼 코치를 했던 남편이 마치 선생님처럼 말했다.

"얘들아, 피자를 먹으려면 반드시 손부터 씻어야 해. 엄마한테 가서 먼저 물로 손 씻고, 그러고 나서 먹는 거야. 알았지?"

아이들은 참새떼처럼 "네"라고 말하더니 일제히 엄마들이 앉아 있는 벤치로 달려갔다. 한 아이가 피자가 든 상자를 들고 뒤따라 그곳으로 달려갔다. 우리는 아이들을 계속 지켜보고 있었고, 남편이 멀리 있는 그들을 향해 다시 한번 큰 소리로 손을 꼭 씻어야 한다고 말했다. 그랬더니 그중 가장 막내인 꼬맹이가 큰 소리로 "저는 벌써 손을 씻은걸요!"라고 하며 손을 들어 확인시켜 주었다.

아, 너무 귀여웠다! 아이들이 행복해하는 모습에 엄마 한 분이 너무 고맙다며, 신의 축복이 있기를 바란다고 말했다.

피자 한 판도 아니고 반 판에 저렇게나 좋아하고 행복해하는 아이들을 보니 갑자기 눈물이 핑 돌았다. 가슴 한켠이 울컥했다. 슬퍼서가 아니라 행복해서였다. 오랜만에 만난 아이들의 밝고 순수한 모습에 내 마음이 젖

어버린 것이었다. 뭐라 표현하기 힘든 이상야릇하고 심장이 두근거리는 기분이었다. 남편도 나와 같았다. 피자를 보고 환호하는 아이들을 보며 너무 행복하다고 했다. 그리고는 나에게 참 잘했다고 하였다. 우리는 서로를 바라보며 하이파이브를 했다.

집으로 돌아가는 길에 촉촉한 가슴으로 하늘을 쳐다보았다. 하늘도 아이들의 순수한 모습처럼 맑고 파랬다. 아주 작고 사소한 행동 하나가 우리를 이렇게 행복하게 했다. 다음에 그곳에서 아이들을 다시 보게 되면 그때는 꼭 사탕을 주어야지, 라고 다짐하며 집에 돌아와서 사탕 봉지를 챙겨놓았다.

아이들의 환한 미소가, 특히 까맣고 조그마한 남자아이의 반짝반짝하는 손이 지금도 내 가슴을 촉촉이 적셔주고 있다.

그렇게 나는 엽기적인 그녀가 되었다

　전날 일찍 잔 탓인지 새벽 4시 반에 눈이 떠졌다. 거실에 불을 켜고 세탁실로 가서 휴대폰을 보았다. 혹시 메시지가 온 게 있나 확인하고 글을 읽는데 배가 고파왔다. 생각해 보니 전날 한 끼만 먹은 것이었다.

　새벽에 요리하기도 귀찮고 뭘 먹을까 잠시 고민하다가 '보물창고'의 문을 열어보았다. 거실 한구석에 있는 선반 아래에 만약의 경우를 대비해서 먹을 걸 가득 채워 놓았는데, 나는 그곳을 '보물창고'라고 불렀다. 대부분 유통기한이 긴 캔 식품들이었다. 유통기한이 긴 음식들은 두고두고 먹어도 되니 일단 제쳐두고 빨리 먹어야 하는 게 없을까 보다가 무언가를 발견하고는 봉지 하나를 꺼내 들었다. 친한 동생이 2월에 한국에서 가져온 짜파00였다.

한 박스를 가져왔는데, 이제 2개만 남아있었다. 유통기한만 아니라면 두고두고 하나씩 아껴먹을 텐데, 라면 종류는 그럴 수가 없었다. 예전에 유통기한이 오래 지난 라면을 먹어본 적이 있었는데 아무 생각 없이 끓여서 한 입 먹고는 놀라서 다 버려 버렸다. 라면을 즐겨 먹지 않았던 나는 라면에는 방부제를 듬뿍 넣는 줄 알았는데, 그래서 오래 둬도 괜찮은 줄 알았는데 아니었던 것이었다. 그때 라면의 유통기한이 생각보다 길지 않다는 것을 알게 되었다.

짜파00 봉지 뒷면에 찍힌 유통기한을 확인해보니 3개월이 지나 있었다. 이 정도면 괜찮아, 하고는 가스레인지에 불을 붙였다(쿠바 가스레인지는 자동으로 불이 나오지 않아 불을 켤 때마다 성냥이나 토치로 불을 붙여야 한다). 정수기에 받아둔 물을 냄비에 적당히 넣고 끓이기 시작했다. 그리고는 짜파게티 봉지를 뜯어서 면을 꺼내었다. 순간 "어머, 이게 뭐야?" 하는 소리가 절로 나왔다. 까맣고 작은 벌레들이 꼬불꼬불한 면발 위에 붙어서 꼬물꼬물 움직이고 있었다.

지난 8월에 발생한 '국수 소면 사건'이 떠올랐다.

오늘은 국수를 먹어야겠어, 하며 일 년 전에 멕시코에서 사 온 소면을 개봉했는데 글쎄, 까만 벌레들이 옹기종기 모여 있는 게 아닌가! 분명 밀봉된 소면이었는데, 어떻게 이렇게 많은 벌레가 생겨날 수가 있을까? 하는 생각에 놀랍고 신기했다.

그때 나는 처음으로 밀봉된 식품에도 벌레가 생긴다는 것과 밀가루 벌레의 존재에 대해서 알게 되었다. 쿠바에 와서 정말 별일을 다 겪네, 하며 피식 웃고는 벌레와의 전쟁을 선포했다. 물론 이것은 내가 이길 수밖에 없는 전쟁이었다. 손자도 그랬다지. 가능하면 이길 전쟁만 하라고.

식탁 위에 도마를 올려놓았다. 그리고 소면을 도마 위에 펼쳐놓고 벌레를 골라내기 시작했다. 어머, 그런데 벌레가 한 종류가 아니었다. 까만 것만 있는 게 아니었고 아주 작은 애벌레 비슷한 것도 있었다. 아휴 징그러워! 하지만 이런 투정을 할 때가 아니었다. 소면을 사수해야 했다.

쿠바에 와서 내가 받은 가장 큰 선물은 인내심이다. 인내심을 가지고 차근차근 작은 벌레 한 마리씩을 모조리 골라내고 나니 한 시간이 훌쩍 넘어버렸다. 소면을 보니 벌레들의 밥이 되어 뻐끔뻐끔한 것도 꽤나 있었다. 그동안 많이 행복했을 텐데, 벌레들아 안녕!

그날 나는 그 소면으로 수박껍질 피클과 오이무침을 넣은 비빔면을 해서 맛나게 먹었다. 남은 소면은 지퍼백에 가지런히 담아서 냉장고에 보관

해 두었다. 그랬더니 벌레가 더 이상 생기지 않았다. 쿠바의 우기에는 습도가 굉장한데 거실 에어컨이 고장 난 후로 늘 습기를 담고 지냈더니, 그 습도에 벌레들이 둥지를 튼 것이었다.

소면 사건을 겪었지만, 나는 설마 짜파00에서도 벌레가 나올 거라고는 생각지도 못했다. 노리끼리한 면에 새까만 벌레들이 까만 깨처럼 붙어있었다. 앞뒤로 골고루 포진해 있었다. 짜파00가 쉽게 구할 수 있는 거라면 바로 쓰레기통으로 갔겠지만, 한국 음식이 아예 없는 쿠바에서 이 귀한 것을 버린다는 건 있을 수 없는 일이었다.

면이 꼬불꼬불한 데다 면 안으로 벌레들이 들어가 있어서 손으로 처리하기에는 무리가 있었다. '어떻게 할까?' 고민하는데 물이 끓기 시작했다. '그래, 이거야!' 하면서 벌레가 붙어있는 면을 그대로 물이 끓고 있는 냄비 속으로 퐁당 넣었다. 꼬불꼬불한 면 속에 숨어있던 벌레들이 뜨거운 물에 놀라서 위로 올라왔다. 살려고 아우성을 치더니 결국 그들은 모두 장렬히 전사하고 말았다. 순간 「엽기적인 그녀」의 주인공이 된 기분이었다.

한 마리도 면에 붙어있을 수 없도록 젓가락으로 면을 휘휘 저으면서 꼼꼼히 확인하고는, 면과 벌레가 뒤섞여 있는 뜨거운 물을 싱크대에 모두 부었다. 냄비 안에 있던 벌레는 모두 사라졌고 면만 남게 되었다. 면만 담긴 냄비에 다시 물을 붓고 가스불을 붙였다. 벌레가 있던 면을 그대로 먹기에는 좀 찜찜한 기분이 들어 물을 한 번 더 끓여서 면을 데쳐 내었다.

그제야 마음이 놓여 자장 수프를 넣고 면과 함께 섞어 주었다. 그런데 벌레들 때문에 정신이 살짝 나간 상태여서 건더기 수프를 넣는 걸 깜빡해버렸다. 결국 나는 그 많던 벌레를 처리하고 건더기 없는 짜파00를 이른 아침에 맛있게 먹었다. 다 먹고 나니 영화 「설국열차」에 나온 꼬리칸의 사람들이 먹던 단백질 바가 떠올랐다. 아…상상은 이제 그만!

다음 날 나는 보물창고에서 마지막 남은 짜파OO를 꺼내었다. 벌레가 더 생겨나기 전에 먹어야겠다는 생각이 들었기 때문이었다. 각오하고 봉지를 열었는데 글쎄, 벌레가 하나도 없었다. 아, 이럴 줄 알았으면 좀 더 놔두는 건데. 몹시 안타까웠지만 이미 개봉해서 돌이킬 수가 없었다. 그냥 먹기로 했다.

마지막 면은 동생이 가져다준 떡볶이 소스를 넣어 떡볶이 없이 면만 있는 라볶이를 만들어 먹기로 했다. 다행히 집에 양배추, 양파, 그리고 파가 있어서 야채를 듬뿍 넣었다. 떡볶이 소스만 넣으면 매울 것 같아 짜파OO 면 안에 들어있던 자장 수프를 뿌려서 맵기를 중화했다. 그랬더니 남편과 내 입맛에 딱 맞는 라볶이가 되었고, 우리 둘은 마지막 남은 짜파OO를 아주 맛나게 먹었다.

이제 짜파OO는 모두 사라졌다. 된장과 참기름이 떨어진 지도 꽤 되었다. 고춧가루와 멸치 액젓, 들기름은 바닥을 보이고 있다. 하지만 나에게는 아직 간장과 고추장이 있다. 유통기한이 지난 컵라면도 몇 개가 남아 있다. 이제는 내가 좋아하는 김치를 만들 수는 없지만, 없으면 없는 대로 살기로 했다. 없는 것에 미련을 두지 않고 마음 편하게 살다가 맛난 한국 음식을 먹으면 그때는 기쁨이 두 배가 될 테니.

한국에 있었으면 (절대) 겪지 않을 많은 새로운 일들을 이곳에서 경험하고, 이 에피소드들이 나에게 글감이 되어 주니 내가 쿠바에 온 것은 분명 이유가 있는 듯하다. 그래서 오늘도 감사하는 마음으로 천국 생활을 만끽해 보아야겠다.

쿠바의 슈퍼마켓에서 카드결제라니!

치이이이이, 카드 영수증이 뽑혀 나왔다.

캐셔 담당자 외에 세 명의 관련자들이 영수증이 나오는 것을 주시하고 있었고, 두근대는 가슴을 안고 그 모습을 지켜보던 나는 나지막한 감격에 속으로 환호성을 질러대었다.

슈퍼마켓에서 카드결제라니!

2020년 7월 20일 월요일 오전 10시경의 모습이었다.

월요일이 되기를 기다렸다.

새로운 변화에 대한 기대감에 남편과 나는 며칠 전부터 설레었다. 그날이 되었고, 우리는 새벽같이 일어났다. 남편이 만들어 준 커피와 빵을 먹고 천천히 외출 준비를 했다. 이곳에서는 한국처럼 서두르는 게 없다. '달러 상점'이라고만 알고 있었지 정확히 어떤 시스템으로 운영이 되는지는 몰라서, 나는 지불수단을 종류별로 준비했다. 미국 달러, 쿠바 화폐 두 종류(2021년 1월 1일부터 하나로 통합됨), 그리고 한국에서 발급받은 신용카드 한 장. 세 개의 지갑에 세 종류의 지폐와 카드를 나누어 넣고는 가슴 앞으로 메는 작은 가방에 지갑들을 가지런히 넣었다.

쿠바 전역에는 총 72개의 상점이, 아바나에는 11개의 달러 상점이 준비되어 있다고 했다. 다행히도 우리 집에서 걸어서 갈 수 있는 곳에 네 개의 해당 상점이 있었고, 그중에서 두 개의 상점을 타깃으로 남편과 나는 발걸음을 옮겼다. 오전 9시가 좀 넘은 시간이었는데, 아바나의 아침은 활기가 넘쳤다. 새로 마련한, 숨쉬기는 불편하지만 예쁜 면 마스크와 미러 선글라스로 중무장을 한 나는 남편의 손을 잡고 걸으며 세심하게 거리를 살펴보았다. 아침부터 여기저기에 사람들의 줄이 길었다. 경찰들도 평소보다 많이 보였다.

목적지에 도착했다. 그곳은 철물점으로 남편과 내가 가장 관심을 보이는 곳이었다. 일 년 전 이맘때 집을 사고 집수리를 하면서 철물점 문턱을 수도 없이 드나들었던 기억들이 주마등처럼 지나갔다. 갈 때마다 어찌나 물건들이 한정적이고 내가 원하는 건 없던지….

'새로이 시작하는 이곳에는 어떤 물건들이 있을까? 우리에게 필요한 페인트가 있을까?'

이런저런 생각을 하면서 줄을 찾았는데, 줄이 보이지 않았다. 가게 앞에는 서너 명의 경찰들만 서 있었다. 그중 한 경찰에게 달러 상점이 맞는

지 물어보자 건물 코너를 돌면 줄이 있을 거라고 했다. 알려준 대로 건물 코너를 돌아보니 20여 명 남짓한 사람들이 줄을 서 있었다. 그 정도면 나쁘지 않았다. "울띠모"를 외치고는 마지막 사람과 그 앞사람이 누구인지 확인 후 우리도 그들처럼 줄을 섰다.

쿠바에는 독특한 줄 문화가 있다. 바로 '울띠모(Ultimo)' 시스템이다. '울띠모'는 스페인어로 '마지막' 혹은 '마지막 사람'이라는 뜻이다. 가는데 마다 줄을 서다 보니 땡볕에 한 줄로 몇 시간씩 서 있는 건 고역이라 줄 서기 전에 마지막 사람과 그 앞 사람이 누구인지만 확인을 한다. 그 두 사람의 얼굴을 확인하고 나면 상점 근처에 있는 그늘을 찾아서 기다리기도 하고, 잠시 다른 곳에 볼일을 보러 다녀오기도 한다. 줄이 너무 길어질 때에는 집에 가서 밥을 먹고 오는 사람이 있기도 하다. 그래서 쿠바의 상점 앞을 보면 사람들은 많은데 한국처럼 가지런히 한 줄로 서 있는 게 아니라 여기저기 흩어져 있는 경우가 많다. 물론 한 줄로 서 있는 곳도 있지만.

분위기를 보아하니 줄이 빨리 줄어들 것 같지 않아 남편에게 말했다.

"자기, 한 블록 위에 다른 달러 상점이 있다고 리스트에 적혀 있는데, 자기가 가서 어딘지 정확히 확인해보고 올래? 나는 여기에서 기다리고 있을게."

남편은 알겠다고 하며 다른 달러 상점을 확인하기 위해서 떠났다. 잠시 후 돌아온 남편이 그곳의 정확한 위치를 알려주었고, 줄이 길지 않다고 말했다. 생각해 보니 우리 둘 다 이곳에 줄 서면서 시간을 낭비할 필요가 없었다. 남편에게 "자기는 여기 줄을 서고 나는 다른 상점에 가서 줄을 선 후, 물건을 사는 게 좋을 거 같아."라고 말하며 역할 분담을 하고는 남편이 말해 준 상점을 찾아갔다.

가까운 거리여서 금방 도착했다. 그 상점 앞에는 여자 군인 한 명이 파

일 같은 걸 들고 서 있었다. 그녀의 옆에는 남자 군인 한 명과 경찰 여러 명이 서 있었다. 그 상점 앞에도 줄은 보이지 않았다. 확인해보니 줄은 길 건너편에 있었다. 나는 길 건너편으로 가서 마지막 두 사람을 확인 후 줄을 섰다. 곧이어 한 젊은 남자 경찰이 오더니 "여긴 외화 카드만 결제가 되는 데야. 알지?"라고 하며 확인을 하길래 "응, 알아. 나 카드 있어."라고 대답해주었다. 속으로 '아, 카드 결제구나. 잘됐다.' 하면서 주위를 둘러보았다. 사람들이 올 때마다 그 젊은 경찰은 이 가게는 외화 카드 결제만 가능하다고 얘기를 하였고, 외화 카드가 없는 쿠바인들은 실망하면서 돌아갔다. 특히나 할머니들이 힘없이 돌아가시는 모습을 보니 마음이 몹시 아팠다.

새로운 시스템이 시행되는 첫날이어서 그런지 근처에 군인과 일반 경찰뿐만 아니라 사복 경찰들까지 감시자들이 아주 많았다. 보는 눈이 많아서 사진을 찍고 싶어도 제대로 찍을 수가 없었다. 가게 안에는 손님보다 일하는 사람들이 훨씬 많았는데, 줄이 줄어드는 속도가 꽤 느려서 지켜보니 역시나 이곳도 한 번에 한 명, 혹은 두 명씩만 들여보냈다. 쿠바에는 한국의 CCTV 같은 감시 카메라가 없고 점원들의 컨트롤이 가능한 인원만 가게 안으로 들여보내기 때문에, 줄이 줄어드는 속도가 몹시 느리다. 게다가 코로나19도 속도를 늦추는데 단단히 한몫하고 있었다.

내가 줄을 서고 얼마 되지 않아 내 뒤에 쉬지 않고 말을 하는 엉덩이가 큼직한 쿠바 언니와 그녀의 어머니처럼 보이는 할머니가 오셔서 줄을 섰다. 이 수다쟁이 쿠바 언니는 사람들에게 "바로 위에 있는 상점에서는 소고기를 팔아."라고 하면서 새로운 정보를 뿌려대었고, 그 말에 나도 귀를 쫑긋하며 그녀가 하는 얘기를 귀담아듣고 있었다. 한참을 사람들과 얘기를 하던 그녀가 "나 잠깐 앞에 좀 갔다 올게." 하면서 잠시 사라지더니 어느새 보니 저 앞쪽에 떡하니 줄 서 있는 게 아닌가?

나는 설마설마하며 그녀의 머리 뒤가 따가울 정도로 쏘아보았다. 내 뒤에 있던 그녀는 결국 나보다 훨씬 먼저 상점으로 쏙 들어가 버렸다. 그걸 보자 어이가 없기도 하고 웃기기도 해서 내 앞에 계시는 영감님께 말했다.

"저 언니 봤어요? 저 언니 분명히 내 뒤에 서 있었는데 방금 가게 안으로 들어갔어요. 진짜 재주가 엄청나네요!"

그랬더니 선한 인상의 영감님이 웃으시면서, "허허, 정말 그러네. 대단하이!"라고 하시며 외국인인 나의 말에 본인이 괜히 민망하신 듯 멋쩍어하셨다. 가만히 보니 그녀는 저만치 앞에 서 있던 아주머니를 구워삶은 것이었다.

'그래, 뭐 이쯤이야.' 새치기 때문에 죽일 듯 싸우기도 하는 이곳이지만, 경찰도 있고 군인도 있어서인지 다들 조용했다. 나도 내 앞에 계시는 영감님한테만 하소연하고는 입을 다물고 내 차례를 기다렸다. 한 40분 정도 기다렸나? 내 차례가 되었다. 가게 점원이 나를 향해 손짓을 하자 부푼 가슴을 안고 상점 안으로 들어갔다. 나를 가장 먼저 반겨주는 이는 손 세정제를 뿌려주는 직원이었다. "고맙습니다." 하며 손을 꼼꼼히 닦고는 작은 가게 안을 찬찬히 살펴보았다.

이곳은 세제 전문 상점이라 배수구에 필요한 뚫어펑, 여러 종류의 액상 청소용품, 액상과 가루 빨래 세제, 액상 주방 세제, 섬유유연제, 액상 손비누, 샴푸, 키친타올, 벌레 퇴치제 스프레이, 방향제 스프레이, 헤어젤 등 세제 관련 제품들이 빼곡히 쌓여 있었다. 그중에서 나는 액상 빨래 세제와 주방 세제, 화장실 청소 세제와 가루로 된 뚫어펑, 액상 손비누, 방향제와 벌레 퇴치제 스프레이, 그리고 키친타올 2개를 바구니에 담았다. 내 바구니가 무거워 보였는지 한 점원이 다가와서 아주 친절하게 "무거울 텐데 내가 도와줄게. 이리 줘."라고 말하는 것이었다.

'헉, 이 친절함은 무엇이지? 갑자기 왜 이러는 거야? 돈을 더 쓰라고 부추기는 건가?'

사회주의 국가인 쿠바는 기본적으로 친절과는 동떨어진 나라여서 이런 대접은 처음이었다. 그래서 깜짝 놀랐지만, 한편으로는 이런 변화가 반갑기도 해서 "네, 고맙습니다!"라고 대답하며 결제할 물건들을 점원에게 주었다. 그리고는 혹시라도 빠진 물건이 있는지 작은 가게를 한 번 더 둘러보았다. 두 번을 살펴보아도 당장 필요한 게 없었을뿐더러, 더 많으면 무거워서 들고 가기가 힘들 것 같아서 결제하겠다고 했다.

그러자 나를 도와주었던 친절한 점원 언니가 내가 구입한 물건들을 계산대에 쭉 올려두었고, 캐셔 아주머니가 물건 하나하나를 바코드로 찍기 시작했다. 바코드 작업이 완료되자 신분증과 카드를 달라고 했다. 나는 지갑에서 꺼낸 신분증과 신용카드를 주었고, 옆에 있던 관련자들이 '인떼르나시오날(해외 카드를 뜻함)'이라고 하자 캐셔 아주머니가 카드를 살펴보았다. 해당 카드가 맞는 걸 확인한 그녀는 나의 신분증과 카드에 찍혀 있는 이름이 같은지 꼼꼼히 확인하였다.

나의 신분증을 보면 내 이름 아래에 아버지와 어머니 이름도 적혀 있는데, 이게 쿠바인들을 충분히 헷갈리게 하는 요인이 되었다. 한참을 보고 있길래 내가 "이건 아버지 이름이고 이건 어머니 이름이야. 이건 내 이름과 성, 카드에 있는 이 이름과 동일해."라고 하며 친절히 알려주었다. 그제야 그녀는 알겠다며 카드 기계에 총금액을 입력했고, 초록색 확인 버튼을 누르자 치이이이이 하면서 카드 영수증이 쑥 올라왔다. 그와 동시에 3G를 켜 놓았던 나의 휴대폰에 카드 회사 알림이 울리면서 결제 금액이 뽕 하고 나타나서 제대로 카드 결제가 되었음을 확인시켜 주었다. '음, 잘 되고 있군!' 하며 혼자서 회심의 미소를 지었다.

상점용과 고객용 영수증 두 장이 다 뽑히자 이번에는 캐셔가 기계에 내 카드번호를 입력했다. 그러자 구입한 목록이 적힌 영수증이 또 치이이이이 하면서 올라왔다. 캐셔 아주머니가 나에게 영수증과 펜을 주며 사인을 하라고 하였고, 내가 사인을 하자 이 모든 과정을 신중히 지켜보고 있던 한 무리의 관련자들은 또 한 건의 카드 결제를 무사히 끝냈다는 듯 안도의 한숨을 쉬었다. 결제 과정이 완전히 끝나자 계산대 끝쪽에 서 있던 점원이 내가 구입한 물건들을 비닐봉지에 담아주었다. 고맙다고 하며 카드와 신분증을 지갑 안에 잘 챙겨 넣고는 물건들이 담긴 봉투를 들고 한쪽옆으로 가서 영수증에 적힌 목록을 쭉 확인해보았다. 모두 맞았다. 그제야 영수증을 접어서 지갑에 넣고는 양손에 봉투 하나씩 들고 많은 이들의 부러운 눈빛을 뒤로한 채 첫 번째 가게를 벗어났다.

상상도 못 했던 쿠바 슈퍼마켓에서의 카드 결제 완벽하게 수행 완료!

쿠바 정부에서 변화를 시도한 건 이번이 처음은 아니다. 계속되는 미국의 제재로 경제가 점차 더 어려워지자 2019년 10월 말에 내수경제를 살리고 외화벌이를 하기 위해서 외화거래가 가능한 신용카드로 물건을 구입할 수 있는 상점을 오픈했다. 주요 품목들은 가전제품이었다. 냉장고, 세탁기, 냉동고, 에어컨, 티브이 등 부피가 큰 가전제품을 좀 더 저렴한 가격으로(한국이나 멕시코보다는 비싸지만) 지정된 가게에서 판매하는 것이었다. 예전 한국의 보따리 장사꾼들처럼 쿠바에도 그동안 멕시코나 파나마 등지에서 물건을 사 와서 2~3배 비싼 가격으로 쿠바에서 판매하는 보따리 장사꾼들이 꽤 많았다(코로나19 이전까지). 오죽하면 파나마 경제가 쿠바인들 때문에 좋아졌다는 얘기까지 있을 정도였고, 현금으로만 거래하는 쿠바인들을 대상으로 발생하는 범죄도 많아지고 있었다. 그러다 보니 외화는 모두 외국으로 나가버리고, 쿠바의 내수경제는 계속해서 바닥을 치게 되었다. 정부에서도 이런 사실을 일찍이 알고 있었지만, 시스템이 붕괴될 위험과 여러 가지 상황을 고려해서 미루고 미루다가 극단적인 상황에 직면하자 조금씩 변화를 시도하게 된 것이었다.

나는 이 새로운 변화를 적극 환영하였다. 일단 정부에서도 외화벌이가 되어 좋지만, 나도 좀 더 저렴한 가격에 물건을 구입할 수 있고 물건을 사기 위해서 외국에 가지 않아도 되기 때문이다. 보따리 장사꾼한테서 물건

을 사게 되면 비쌀 뿐만 아니라 속이는 경우가 많은데, 국영 상점에서 구입하면 보증서가 있어서 보증 기간 동안 물건에 하자가 발생할 경우, 물건을 교환할 수가 있다. 실제로 남편은 보증 기간이 3년인 티브이를 국영 상점에서 구입했는데, 3년이 채 안 된 시점에 고장이 나 버렸다. 남편이 보증서를 가지고 그 상점에 가서 교환을 요구했더니 새 걸로 바꾸어 주었다고 했다. 물론 시간은 걸렸지만 말이다.

가전제품 상점에서의 외화 신용카드 사용도 대단한 변화라고 생각했는데, 이제는 쿠바 전역에 달러 상점(슈퍼마켓)까지 생겨나고 미달러에 부과되던 10%의 관세도 없어진다고 하니 여간 반가운 일이 아닐 수 없다. 암달러상들에게 거래하던 달러 환전을 은행에서 바로 하게 되면, 쿠바 은행에서도 달러 확보가 되고 또 달러를 가진 이들이 달러 상점에서 물건을 구입하게 되면 쿠바 경제를 살려 나가는 데 도움이 될 것이다.

하지만 카드가 없거나 만들 수 없는 쿠바 시민들에게는 이 모든 게 그저 그림의 떡일 뿐이다. 게다가 달러 상점이 생겨난 후 좋은 물건들은 모두 달러 상점에서만 판매하니, 달러 상점에 가지 못하는 시민들의 불평은 점점 높아질 수밖에. 시간이 지나면서 달러 상점을 상대로 범죄가 생겨나기도 하지만, 달러 상점이 있어서 물건 공급이 조금이라도 원활하게 되어 시민들에게 도움이 되면 좋겠다는 게 나의 생각이다.

2021년 1월 1일에 쿠바 정부에서는 그동안 사용하던 이중화폐를 하나로 통합하는 화폐개혁을 실시하였다(CUP만 사용). 그로 인해 물가가 줄줄이 인상되었고 급여도 5배가 인상되었다고 하나 그건 정부에서 일하는 사람들에게만 해당되는 거였다. 대부분의 쿠바인은 관광업에 종사하므로 월급 인상과는 아무 상관이 없고 그들에게는 물가 인상만이 큰 타격을 줄 뿐이었다.

코로나19로 어려워진 상황에서 화폐개혁까지 하면서 인플레이션 상황이 되자 2021년 7월에 사회주의 국가인 쿠바에서 예상치도 못한 일이 일어나 버렸다. 1959년 혁명 이후 가장 큰 시위가 쿠바 전역에서 발생한 것이다. 불행인지 다행인지 시위가 오랫동안 이어지지는 않았지만, 쿠바 정부에서도 달라진 민심에 놀란 듯했다. 그래서인지 민심을 달래고자 물건을 조금씩 더 풀고 있지만, 상황이 상황인지라 쉬워 보이지는 않는다. 코로나19로 세상이 변화하고 있는 지금, 쿠바라고 예외가 될 수는 없을 것이다. 앞으로 쿠바가 어떻게 변화할지 지켜보는 나로서도 몹시 궁금하고 흥분된다.

60년이 넘도록 변하지 않았던 나라가 하루아침에 변할 리는 없겠지만, 그래도 변한다면 조금이라도 쿠바 국민의 삶이 풍요로워질 수 있기를. 그들의 얼굴에 회색빛 그늘보다는 카리브해의 태양처럼 밝고 화려한 웃음이 드리워지기를 바래본다.

Chapter 5

쿠바댁 린다가 추천하는
쿠바의 명소

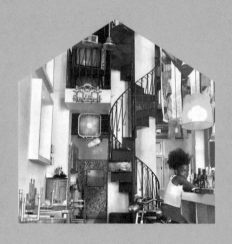

말레꼰 기차를 아시나요?

땡땡땡… 땡땡땡…

그 소리가 들리면 나는 곧장 세탁실로 달려가서 창밖을 보았다. 말레꼰 도로에 기차가 지나가면서 기차 맨 앞에 달려있는 종이 바닷바람에 자연스레 "땡땡땡" 하고 소리를 낸 것이었다.

어린 시절 우리는 기차에 대한 로망을 가지고 있었다. 그때의 로망을 쿠바에서 실현이라도 하듯, 기차가 지나가면 나는 매번 창가로 가서 말레꼰을 따라 시원하게 달리는 기차를 유심히 바라보았다. 집에서뿐만 아니라 밖에 있을 때에도 기차 소리가 들리면 망설임 없이 손을 들어 기차를 세

우고는 그곳에 몸을 실었다.

시원한 바닷바람을 맞으며 말레꼰에 앉아서 사랑을 속삭이는 연인들, 깔깔깔 웃으며 아무런 근심 걱정 없이 뛰어노는 어린아이들, 그리고 공원에 모여서 축구하는 남자아이들이 보였다. 말레꼰 끝자락에 있는 공원에서는 한 아저씨가 혼자서 한껏 폼을 잡고 기체조를 연습하고 있었다. 마치 온 세상에 자신의 멋진 모습을 보여주시려는 듯, 도로 바로 앞인 그늘도 없는 그곳에서 혼자서 유유히 기체조를 하는 모습이 신기해서 아저씨를 계속해서 보다가 목이 빠질 뻔하기도 했다. 아무런 계획 없이 그저 자석에 끌린 듯 불쑥 기차에 올랐지만, 일단 타고나면 말레꼰 전체를 아우르는 아름다운 풍경과 사람들의 살아가는 모습을 보는 재미가 쏠쏠해서 코로나19 동안 틈만 나면 기차를 탔다.

스페인어로 '방파제'라는 뜻을 가진 말레꼰(Malecón)은 카리브해의 거친 파도와 바람으로부터 수도인 아바나를 보호하기 위해서 1미터의 높이로 지어진 구조물로, 올드 아바나에서부터 베다도까지 무려 8km에 걸쳐

길게 뻗어있다. '세계에서 가장 긴 소파'라는 닉네임을 증명이라도 하듯 실제로 쿠바인들은 말레꼰 위에 누워서 휴식을 취하기도 한다. 말레꼰의 폭은 꽤나 넓어서 쿠바인들은 그 위를 걸어 다니기도 하고 눕기도 하고 낚시를 하기도 하는데, 나는 겁이 나서 그들처럼 해 본 적은 없다. 남편을 포함한 아바네로들(아바나 사람들)에게 마음의 고향과 같은 곳인 말레꼰에서 기차를 타 본 사람은 그리 많지 않다. 오히려 이런 기차가 있다는 걸 모르는 사람들이 더 많을 것이다. 왜냐하면 이 기차가 눈에 띄게 많이 다니기 시작한 게 코로나19 기간이기 때문이다. 나는 이전에도 기차를 타 본 적이 있지만, 내가 아는 대부분의 사람들은 타 본 적이 없다고 했다.

쿠바에 코로나바이러스가 착륙하자 2020년 3월 24일에 쿠바 정부는 문을 걸어 잠갔고, 외국인인 나는 집에서 한 발자국도 나가지 않았다. 그로부터 100여 일이 지난 2020년 7월 3일에 아바나가 격리해제 1단계에 들어가자, 고생한(?) 시민들을 위로라도 하듯 쿠바 정부에서 아바나 택시 회사 소속인 말레꼰 기차 운행을 시작한 것이었다. 철저한 방역으로 인해

의자를 하나씩 비워두고 떨어져 앉아야 했지만, 기차를 타고 말레꼰 바닷바람을 쐴 수 있다는 것만으로도 아바나 시민들에게는 커다란 위안이 되었을 것이다. 최소한 나에게는 아주 큰 기쁨을 주었으니 말이다.

말레꼰 기차의 최대 장점은 말레꼰을 걷다가 기차가 보이면 아무 데서나 손을 들어 세울 수가 있고, 내릴 때에도 손을 들어 알려주면 원하는 곳에 내려준다. 정해진 정류장이 없고 말레꼰 전체가 정류장인 것이다. 요금은 인당 1쿡(천2백 원)이며 기차를 타거나 내릴 때 내는 것이 아니고, 기차가 달리다가 말레꼰 중간 지점에서 잠시 정차하는데, 그때 차장이 돈을 걷는다. 만약 짧은 구간을 타서 기회를 놓친 사람들은 내릴 때 차장에게 가서 요금을 내면 된다.

기차의 최대 고객은 역시나 어린아이들인데, 아이들을 몹시나 좋아하는 나는 기차에 타서 신이 난 아이들의 반응을 보는 게 멋진 말레꼰 풍경보다 더 재미있을 때도 있다. 특히나 남편을 닮은 짱구 머리의 까만 어린아이들을 보면 너무 귀여워서 눈을 뗄 수가 없을 정도다.

코로나19 기간뿐만 아니라 이후에도 말레꼰 기차를 계속 운영해서, 쿠바를 찾는 여행객들이 말레꼰 기차를 타고 카리브해의 시원한 바닷바람을 맞으며 말레꼰 도로 양옆으로 펼쳐지는 아바나의 멋진 매력에 흠뻑 빠져봤으면 한다.

말레꼰 663, 말레꼰 최고의 루프탑 바

멋진 말레꼰 앞에 아바나에서 내가 가장 좋아하는 장소가 한 군데 있는데, 바로 '말레꼰 663 (Malecón 663)'이다. 쿠바 방문 시 필수인 지도 어플리케이션 Maps.me에서 'Malecón 663'을 입력하면 부티크 호텔로 나오는 곳이다. 이곳은 이 책 챕터 3의 첫 번째 이야기인 「쿠바에서 맞이한 첫 번째 생일」에 등장하는 장소이기도 하다.

센트로 아바나의 말레꼰 중간 즈음에 위치한 이곳은 아바나의 다른 오래된 건물들처럼 스페인 식민지 때 지어진 건물이라 천장이 아주 높다. 내가 이곳을 알게 된 것은 2019년 4월에 아바나 비엔날레를 할 때였다. 말

레꼰 일부를 따라 비엔날레 작품들이 전시되었는데, 이 건물에서도 어느 작가가 전시를 한 것이었다. 루프탑에서 아래로 커다란 천들을 늘어뜨려 전시를 하길래, 저게 뭘까? 하면서 건물 안으로 들어가 보니 선명하고 강렬한 원색의 인테리어가 내 눈을 사로잡았다. 그래서 다음 날 다시 찾아가서 1층부터 찬찬히 살펴보았다.

총 4층인 이 건물은 1층은 카페, 2층과 3층은 부티크 호텔, 그리고 4층은 루프탑 바로 이루어져 있었다. 당시 루프탑 바는 저녁 6시부터 오픈했는데, 적정 인원이 채워지면 더 이상 받지 않아서 루프탑에 올라가는 게 쉽지 않았다. 말레꼰이 한눈에 보이는 루프탑에서는 매일 라이브 밴드 연주를 하는데, 물탱크마저 감각적인 인테리어의 루프탑에서 라이브 음악을 들으며 마시는 시원한 모히또도 일품이지만, 무엇보다 이곳의 하이라이트는 석양이 질 무렵이었다.

카리브해 위에서 물속으로 숨바꼭질 해버린 시뻘건 해가 바다 위로 뿜어내는 붉은 흔적과 하늘에 흩뿌려져 있는 이름 모를 푸른색이 오묘한 조화를 이루며 만들어내는 석양은 황홀하다 못해 어질어질할 지경이다. 하늘을 좋아해서 어디를 가든 유심히 하늘을 보아왔지만, 쿠바의 하늘만큼 봐도 봐도 질리지 않고 컬러풀한 하늘은 처음이었다.

　　내가 이곳을 좋아하는 큰 이유는 강렬한 색감과 톡톡 튀는 인테리어다. 어찌 보면 촌스러울 수 있는 빨강, 파랑, 노랑이 이곳에서는 얼마나 조화를 잘 이루며 감각적인지, 1층 카페에서 4층 루프탑까지 어디 하나 소홀한 곳이 없다. 예술가 부부의 작품답게 벽에 그린 그림뿐만 아니라 의자와 테이블, 등, 그리고 작은 소품 하나하나가 다른 곳에서는 보기 힘든 독

특한 것들이다. 이곳에서는 유명 작가의 전시회도 하고 상품판매도 하면서 공간을 잘 활용하고 있다.

1층 입구에서는 쿠바의 젊고 감각 있는 예술가들이 만든 귀걸이와 반지 같은 액세서리부터 재활용 소재로 만든 특이한 가방들, 쿠바를 바로 느낄 수 있는 화려한 컬러의 머리띠와 힙색 등 다양한 작품들도 판매한다. 그중에서 나는 컬러풀한 머리띠와 힙색을 하나씩 샀는데, 힙색은 쿠바와 한국 두 나라 모두에서 잘 사용하고 있다. 이들은 한국에서도 잘 팔릴 디자인과 색상인데, 100% 수제품이어서 가격이 저렴하지 않다. 내가 구입한 2020년 초에 머리띠가 15쿡(만8천 원), 힙색이 20쿡(2만4천 원)이었는데, 물가가 오른 지금은 더 비싸지지 않았을까 생각된다.

이곳도 코로나19의 타격으로 관광객들이 더 이상 방문하지 않자 부티크 호텔은 운영하지 않고, 대신 3층에 있는 부티크 호텔 스위트룸을 개방하여 넓은 오픈 테라스에서 브런치 서비스를 시작했다. 3가지 다른 종류의 브런치 코스 중에서 하나를 선택할 수가 있는데, 쿠바에서 판매하는 브런치치고는 비싼 편이지만(15쿡, 만8천 원), 예술 작품 같은 식전 칵테일부터 다른 곳에서는 먹기 힘든 다양한 종류의 빵과 햄, 치즈, 샐러드와 계란요리, 그리고 웰빙주스와 커피 등이 코스로 나오는 걸 보면 비싸다는 생각이 전혀 들지 않는다. 게다가 말레꼰이 한눈에 보이는 오픈 테라스에서 철썩이는 푸른 파도를 내 눈으로 보고 귀로 즐기며 먹는 근사하고 여유로운 브런치는 시간이 이대로 멈추면 좋겠다는 생각마저 들게 한다. 혼자 브런치를 먹어도 눈앞에 보이는 멋진 광경에 전혀 심심할 틈이 없으니 나 홀로 아바나를 방문하시는 분, 특히나 하늘과 바람과 파도와 예술을 사랑하신다면 꼭 한번 가셔서 이 멋진 호사를 누려보시기 바란다.

주소 : 663 Malecón, entre Gervasio y Belascoaín, Centro Habana

아바나 1791, 쿠바에도 수제향수가 있어요

2019년 11월 16일에 건국 500주년을 맞이한 아바나 역사의 시작은 올드 아바나이다. 이름대로 아바나에서 가장 오래된 곳으로, 역사의 흔적들이 곳곳에 있어 미로 같은 좁은 골목길을 구경하는 맛이 쏠쏠하다. 1982년에 유네스코 세계문화유산으로 등록된 올드 아바나를 걷다 보면 페인트칠이 다 벗겨지고 곧 무너질 것만 같은(실제로 무너지기도 한다) 건물들이 즐비하지만, 쿠바 정부가 꾸준히 재건하여 놀라울 정도로 고풍스럽고 깨끗한 골목도 볼 수 있다. 그중에서도 오비스뽀 거리에서 비에하 광장까지 이어지는 보행자 거리이자, 올드 아바나에서 내가 가장 좋아하는 메르

까데레스 골목(Calle Mercaderes)에는 (여성) 지인들이 방문하면 꼭 데려가는 곳이 있는데, 바로 수제향수를 판매하는 '아바나 1791(Habana 1791)'이다. 품위가 느껴지는 이 골목에는 헤밍웨이가 7년간 묵으면서 『누구를 위하여 종은 울리나』의 제1장을 집필한 암보스 문도스 호텔뿐만 아니라 박물관, 상점, 레스토랑과 카페들도 즐비하다.

18세기에 스페인 부자가 살던 저택을 개조하여 만든 '아바나 1791'은 쿠바 정부에서 운영하는 향수 가게로, 여러 개의 방이 있고 안쪽으로 들어가면 잘 정돈된 멋진 정원도 볼 수 있다.

중세 아바나의 향을 불러오기 위해서 2000년에 문을 연 이곳에서는 장미, 자스민, 타바코(담배), 오렌지 블라썸, 샌달우드, 시트러스, 베티베르, 라일락, 파출리, 일랑일랑, 라벤더, 바이올렛 향 등 총 12종류의 향을 판매한다. 향을 고르고 나면 담아갈 용기도 본인이 직접 고른다. 유리와 도자기로 만들었으며, 가격은 용기에 따라 다르다. 예전에는 가장 저렴한 게 10쿡(만2천 원)이었는데, 마지막에 갔을 때 보니 15쿡(만8천 원)으로 인상되어 있었다.

이곳의 손님들 대부분이 관광객이라 향수를 구입하면 그 자리에서 포장해 주는데, 쿠바의 다른 상점들과는 달리 액체가 새지 않고 병이 깨지지 않도록 제대로 패킹해준다. (그럼에도 불구하고 향이 새기도 한다.) 시간적 여유가 있고 나만의 향을 만들고 싶다면 전문 조향사인 매니저에게 예약할 수도 있다. 매니저가 가능하다면 말이다. 하루 전날 방문하여 매니저와 약속한 후, 다음 날 약속 시간에 맞춰 방문하면 멋진 개인실에서 30분 동안 상담한 후 손님에게 맞는 유일무이한 향을 제조해 준다고 한다. 나만의 향수를 제조해 주는 비용이 30쿡(3만6천 원)이라고 하니, 향을 좋아하는 사람들에게는 아주 좋은 추억이 될 것이다. 또한 특별한 사람에게 쿠바를 선물하기에도 좋은 옵션일 테다. 참고로, 여기에 적힌 가격은 코로나19 이전 가격이라 지금은 인상되었을 가능성이 높다.

나에게도 이곳은 특별한 곳이다. 쿠바에 살러 온 첫해의 크리스마스에 남편이 '아바나 1791' 향수를 선물로 주었기 때문이다. 올드 아바나를 거닐다가 남편이 처음으로 데려간 이곳에 발을 들인 순간 많이 놀랐었다. 지금은 아바나에 멋진 장소가 여기저기에 있다는 걸 알지만 당시에는 잘 몰랐기에 이토록 멋지고 고급진 향수 가게를 보고 놀랄 수밖에. 쿠바인들은 향수를 아주 좋아하는데, 이곳의 향수는 그들에게는 아주 비싼 편이라 남편도 자신을 위한 향수는 저렴한 걸로 구입한다.

이 향수 가게 건물 안 오른편에 사람들이 모르는 비밀의 장소가 한 군

데 있는데 바로 마사지 숍이다. 나도 향수 가게를 여러 번 방문 후 어느 날 정원 안을 둘러보다가 오른편에 세워진 간판을 보고 마사지 숍이 있다는 것을 알게 되었다. 마사지는 예약제로 운영이 되며 한 시간에 30쿡(3만 6천원)이라고 하였다. 마사지를 워낙 좋아해서 한국이나 동남아에서는 많이 받아 보았는데, 쿠바에 와서는 마사지를 받아 볼 마음의 여유도, 경제적인 여유도 없어서 관심조차 두고 있지 않았다.

그러던 어느 날 한국에서 친한 동생이 놀러왔는데, 당시 몸이 좋지 않아 동생과 함께 가서 마사지를 받아 보았다. 정부에서 운영하는 곳인 데다 외국인이 주요 고객인지라 대학교에서 물리치료를 가르치는 40대 후반으로 보이는 남자 교수가 마사지를 해주었다. 그는 내 몸을 만져보더니 문제가 많은 나의 몸 상태에 대해서 하나씩 설명해 주었는데, 그냥 아는 게 아니라 제대로 아는 전문가였다. 근육을 풀어주는 마사지가 아니라 뼈

를 맞추어가며 아픈 곳을 치료해주는 마사지였는데 받고 나니 꽤나 시원했다. 올드 아바나에 있는 대충 오일을 발라 엉성하게 마사지를 하는 곳과는 차원이 달랐다. 맘 같아서는 마사지를 꾸준히 받아 보고 싶었으나 사정상 그러지 못해 아쉬웠다.

이곳은 따로 마사지 옷을 제공하지 않으므로 방문 예약을 한 후 편안한 복장으로 방문할 것을 추천한다. 마사지사가 한 명이라 한 번에 한 손님만 가능하고 영어가 유창하지 못하므로 스페인어가 서툰 경우 소통이 원활하지 않을 수 있음을 유의해야 한다.

주소 : 156 Mercaderes, entre Obrapia y Lamparilla, Habana Vieja

모히또 모히또,
메가 모히또 한 잔 하실래예?

아바나 관광의 중심지인 올드 아바나에는 아르마스광장, 샌프란시스코광장, 비에하광장, 대성당광장, 이렇게 4대 광장이 있는데, 그중에서 가장 볼거리가 많은 곳이 비에하광장이다. 스페인어로 '비에하(Vieja)'는 '오래된'이라는 뜻인데, 아이러니하게도 4대 광장 중에서 가장 오래된 곳은 아바나 역사가 시작된 아르마스광장이지 비에하광장이 아니다. 마치 프랑스 영화 「퐁네프의 연인들」에 나오는 퐁네프가 불어로는 '새로운 다리'라는 뜻이지만 실제로는 센 강에서 가장 오래된 다리인 것처럼 말이다.

비에하광장은 아르마스광장과 샌프란시스코광장 다음으로 만들어진

광장으로, 한때는 시장이기도 했던 이곳에는 콜로니얼 양식의 멋진 건물들을 많이 볼 수 있다. 지금은 레스토랑, 카페, 펍, 호텔, 전시회장, 박물관, 초등학교까지 다양하게 있지만, 이 건물들은 한때 스페인 부자들의 으리으리한 개인 저택들이었다.

　광장의 한 코너에 보면 노란색 벽으로 된 아바나 유일의 수제 맥주집이 있는데, 그 건물을 끼고 골목으로 들어가면 관광지답게 레스토랑들이 줄지어져 있다. 그중에서도 지날 때마다 음악이 흘러나와 나도 모르게 몸을 흔들게 되는 곳이 있는데, 그곳이 '모히또 모히또(Mojito Mojito)'이다. 트립어드바이저에서도 탑3 안에 들어가는 이곳은 음식도 맛나지만, 메가 모히또(Mega Mojito)로 아주 유명하다.

　결혼 전 쿠바에 두 달간 있을 때, 한국에서 안면이 있던 동생이 올드 아바나에서 한 달 살이를 하고 있다는 걸 알게 되었고, 동시에 인터넷이 연결된 날 바로 만났다. 외지에서의 반가움에 우리는 수시로 만나서 맛있는 것도 먹고, 와인도 마시면서 아바나를 함께 즐겼다. 그러던 어느 날 동생이 말했다.

"언니, 며칠 전에 투어에서 알게 된 노르웨이 친구들이 데려간 식당이 있는데, 거기 정말 괜찮더라. 우리도 같이 가보자."

어둠이 내려앉을 무렵 우리는 올드 아바나 거리를 걸었고, 도착한 곳은 '모히또 모히또'였다. 동생이 그곳에서는 생선튀김을 먹어야 한다고 했다. 우리는 생선튀김을 시켰고, 그녀가 왜 그런 말을 했는지 비주얼만 보아도 알 것 같았다. 커다란 생선 한 마리를 통째로 튀겨서 아주 먹음직스러웠고 실제로 맛도 끝내줬다. 그 후 다시 갔을 때 생선튀김은 더 이상 판매하지 않는다고 하여 그때가 처음이자 마지막이었다. 그때까지만 해도 나는 그곳에서 메가 모히또를 파는 걸 몰랐다.

그 후 다른 친구들과 그곳을 다시 찾게 되었는데, 테이블마다 못 보던 칵테일이 하나씩, 혹은 둘씩 있는 것이었다. 너무 궁금해서 옆 테이블 아저씨에게 무엇인지 물어보았더니, 메가 모히또라고 하였다. 사람 머리통만큼이나 커다란 유리그릇 안에 초록빛의 무언가가 채워져 있었고, 그 안에 쿠바 대표 맥주인 크리스탈(Cristal) 작은 병이 거꾸로 담겨 있었다.

도대체 어떤 맛일지 너무 궁금해서 나도 주문을 했다. 하지만 메가 모히또를 담는 커다란 유리그릇이 모자라서, 우리뿐 아니라 메가 모히또를 주문한 이들은 빈 그릇이 나올 때까지 기다려야만 했다. 그 정도 인내심이야, 하면서 40여 분을 기다린 결과 드디어 메가 모히또를 영접할 수가 있었다.

내 얼굴만큼이나 커다란 칵테일은 처음이었다. 한 모금을 마셔보았다. 얼음을 갈아 넣은 모히또에 맥주가 섞여서 묘한 청량감을 주는 맛이었는데, 한 모금의 양이 많았던지 얼음으로 인해서 뼛속까지 시원해지면서 머리가 띵하다 못해 쭈뼛쭈뼛 서는 것 같았다. 한 템포를 줄여서 천천히 마셔보니 괜찮았다. 모히또에는 원래 설탕이 들어가는지라 청량하면서도 달달하니 맛있었다. '메가'라는 이름답게 크기가 엄청나다 보니 하나를 다 마시면 알코올에 취약한 분들은 충분히 취할 것 같았다. 만약 이곳에 두 분 이상 가신다면 먼저 하나를 시켜서 맛을 보고 더 마실지 결정하는 게 좋을 것이다. 이곳은 웬만한 칵테일이 다 예쁘고 맛도 괜찮다. 나는 알코올을 어느 정도 즐기는 편이라 메가 모히또 하나를 다 마셔도 괜찮아서 남편과 가면 각자 하나씩 시켜 마신다.

메가 모히또는 7쿡(8천4백 원)으로 일반 모히또보다 두 배가 넘는 가격이지만, 크기 또한 두 배가 넘고 독특한 경험이라 쿠바에 오면 마셔볼 가치가 충분히 있다. 게다가 모히또는 쿠바의 대표 칵테일이 아니던가!

영화 「내부자들」에서 이병헌이 "모히또에서 몰디브 한 잔 하자."고 해서 모히또가 몰디브에서 유명한 칵테일인 줄 알고 계시는 분들이 있는데 모르시는 말씀! 실제로 몰디브에 가면 모히또가 없다(무알코올 모히또만 있다). 몰디브는 이슬람 국가여서 리조트 이외의 로컬 섬에서는 알코올 판매가 금지. 이 사실을 전혀 모른 채 퇴사 기념으로 혼자 간 몰디브에서 나는 장장 17일 동안 물과 주스만 마셔댄 아픈 추억이 있다.

항상 음악이 흘러나오는 이곳에는 식당 한쪽에서 쿠바 밴드가 연주를 하며 흥을 돋우어 주는데, 공연 중간중간 손님들을 무대(?)로 모셔서 함께 춤을 추며 쿠바에 온 걸 제대로 실감 나게 해준다.

쿠바의 식당과 바에서 공연하는 밴드들은 해당 장소에서 따로 연주비를 받는 게 아니고 팁으로 생계를 유지하므로 공연이 끝나고 나면 손님들에게 수고비를 거두러 다닌다. 그럴 땐 당황하지 말고 1달러 정도의 팁을 주면 서로 기분 좋게 즐길 수가 있다. 간혹 노래 한 곡이 끝날 때마다 와서 팁을 요구하며 귀찮게 하는 밴드가 있는데, 그런 경우에는 아까 줬다고 하면 지나가니 너무 노여워하지 않길 바란다. 여행은 언제나 기분 좋게! Carpe diem!

주소: Muralla 166, entre Cuba y San Ignacio, Habana Vieja

여기는 아바나야, 바라데로야?

코로나19로 쿠바가 봉쇄되기 직전에 쿠바를 다녀가신 분들이 계셨다. 미국에 출장 왔다가 2박 3일 힘들게 시간을 내서 쿠바를 방문한 분들이 었는데, 친한 언니의 지인들이라 내가 가이드를 하게 되었다. 처음에 그 분들은 카리브해의 푸른 바다와 자연이 울창한 산을 모두 보고 싶다고 하셨다. 그게 가능하면 좋겠지만 짧은 일정에 산과 바다 모두를 보는 건 힘들다고 말씀드렸고, 그분들은 수도인 아바나와 쿠바 시가의 원산지인 초록이 무성한 비냘레스에서 말을 타고 자연을 만끽한 후 돌아가셨다. 안타깝게도 멋진 바다를 볼 시간은 없었다. 그때 이곳을 알았더라면 카리브의 푸른 바다를 짠~ 하고 소개해 드릴 수가 있었을 텐데…. 지금 생각해 보니 몹시 아쉽고 죄송하기까지 하다. (그럼에도 불구하고 쿠바에서의 여행이 참 행복했다고 하셨다.)

이분들처럼 카리브해에서 가장 큰 섬나라인 쿠바에 오셨는데, 머무르는 시간이 짧아 아름다운 바다를 제대로 즐길 시간이 없는 분들을 위한 멋진 바다가 아바나에도 있다. 말레꼰도 바다잖아요? 라고 물어볼 수가 있는데, 말레꼰 바다는 수영이 금지고 낚시만 가능하다. 하지만 이곳은 태양이 쨍쨍 내리쬐는 모래사장이 있는 우리가 상상하는 해변가 바다이다. 올드 아바나에서 관광한 다음 택시를 타고 말레꼰을 지나 십여 분을 가면, 카리브의 푸른 바다를 만끽할 수가 있다는 것이다.

이 멋진 바다는 아바나의 부자 동네인 미라마르에 있어서 센트로 아바나에 살고 있던 나는 잘 몰랐었는데, 코로나19로 집에만 있던 어느 날 남편이 사촌과 전화 통화를 하다가 이곳의 존재를 알게 되었다. 밀폐된 공간보다는 오픈된 곳이 안전하다며, 사촌이 매일 집에만 있는 나를 위해서 한번 가보라고 추천한 것이었다. 사촌이 아내와 며칠 전에 가보았더니 좋더라고 하면서 말이다.

얼마 후 센트로 아바나에서 버스를 타고 부자 동네에 있는 큰 달러 상점에 장을 보러 갔는데, 그 근처에 사촌이 말한 장소가 있다는 걸 알게 되었다. 남편에게 상점 줄은 내가 서 있을 테니 당신은 그곳에 가서 사촌의 말이 사실인지 확인하고 오라고 하였다. 남편은 확인하러 갔고, 금세 다녀와서는 아주 멋진 곳이라고 알려주었다. 게다가 그곳의 레스토랑들이 영업 중이라고 하였다. "잘됐다!" 하고는 장을 본 다음 그곳에 가기로 했다. 생각보다 빨리 장을 보았고, 장 본 물건들을 이고 지고 그 장소로 향했다. 그곳에 도착한 순간 나는 깜짝 놀랐다.

"자기, 여기 완전 바라데로 같아!"

날이 맑고 해가 쨍쨍했던 그 날의 그곳은 마치 쿠바 최대의 휴양지인 바라데로를 옮겨 놓은 것 같았다. 뜨거운 태양을 온몸으로 받으며 모래 위로 발걸음을 옮겼다. 바다 앞에 자리 잡은 몇몇 레스토랑에서 호객행위를 하며 우리를 꼬드겼지만, 나는 바다부터 보고 싶어서 바다로 직진했다.

휴양지에서나 볼 수 있는 그늘막에 가족들과 친구들이 옹기종기 모여 있었다. 어떤 이들은 선베드에 누워 도란도란 이야기를 나누고 있었고, 한 무리의 사람들은 바닷물에 몸을 담근 채 깔깔대며 수다를 떨고 있었다. 왼쪽을 보니 몇몇 남자들이 조용히 앉아서 선탠을 하고 있었다. 장본 짐을 그늘 아래 놓아두고는 그늘막도 없는 선베드에 앉아서 눈이 시릴듯한 파란 하늘과 파도가 넘실거릴 때마다 반짝이는 푸른 바다를 넋 놓고 바라보았다. 나뿐만 아니라 남편도 멋진 광경에 홀딱 반한 표정이었다.

잠시 후 정신을 차리고 우리는 그곳에 있는 여러 레스토랑 중에서 가장 왼쪽에 있는 이탈리안 레스토랑으로 갔다. 입구에서 모델처럼 잘생긴 남자 직원이 과할 정도로 친절하게 맞이해주어 속으로 놀라긴 했지만(쿠바에서 친절함은 놀라움의 대상이다), 아무렇지도 않은 듯 자연스럽게 인사하며 병풍처럼 바다가 보이는 뻥 뚫린 2층으로 올라갔다. 2층에 가보니 디제이 부스도 있었고, 뮤직비디오가 상영되는 커다란 스크린도 있었다.

밤이 되면 젊은 친구들로 자리가 없다고 하더니 이유를 알 듯했다. 부자들은 이런 데 와서 자본주의의 삶을 맘껏 누리고 있던 것이었다. 어디 가든 돈이 최고라는 건 사회주의 국가인 쿠바에서도 예외가 아니었다. 하루하루 먹고사는 게 일인 평범한 쿠바인들은 이런 곳이 있는 줄도 모를 텐

데⋯. 이토록 멋진 곳에 올 때마다 묘한 감정이 교차하는 건 어쩔 수 없는 일이었다. 남편도 나와 같은 마음인 듯했다.

코로나19로 모든 직원이 철저히 마스크를 착용하고 있었다. 메뉴를 보니 가격도 괜찮았다. 치즈를 좋아하는 남편을 위해서 네 종류의 치즈가 들어간 콰트로 피자와 다이끼리 칵테일 한 잔을 주문하였다. 남편은 알코올이 들어가지 않은 청량음료를 마신다고 했다.

이런 여유가 대체 얼마 만인가!

103일 동안 집에만 있다가 나와서인지 멋진 바닷가 앞에서 오랜만에 마시는 다이끼리의 맛은 헤밍웨이가 앉은 자리에서 열두 잔을 마셨다고 극찬한 엘 플로리디따의 다이끼리는 저리가라였다. 같은 음식이라도 장소나 분위기에 따라 맛이 달라지는 건 당연하니까. 코로나19 기간 동안 식당에서는 밥을 먹지 않겠다고 빡빡 우기던 남편이 피자가 맛있다며 혼자서 3분의 2를 다 먹었다.

아름다운 바다를 눈앞에 두고 있으니 말이 필요 없었다. 남편도 나도 그저 조용히 한 시간 정도 힐링하다가 장 본 물건들을 정리하러 택시를 타고 집으로 돌아왔다.

참, 아바나에도 우버 같은 차량 공유 애플리케이션이 생겨서, 이제는 택시 기사님과 가격 실랑이를 하지 않아도 된다. 휴대폰에 데이터가 있는 사람만 이 앱을 사용할 수가 있겠지만, 쿠바도 이렇게 변하고 있다는 건 놀라운 일이다. 만약 아바나에서 한 달 살기라도 하는 분이 있다면 '바한다(Bajanda)'라는 택시 애플리케이션을 다운받으시길. 영어와 스페인어 두 개의 언어가 있어 스페인어에 능통하지 않아도 사용이 가능하고, 출발 전에 금액을 알 수가 있어 편리하다. 나는 애플리케이션에 신용카드를 등록해 놓지 않아서 목적지에 도착 후 현금으로 결제를 하지만 신용카드 등록을 하면 그 과정도 줄어들 것이다. 아날로그 쿠바가 디지털로 변하는 게 아쉽기도 하지만, 불필요한 게 없어지고 실용적으로 변하는 건 충분히 환영할 일이다.

주소 : 1ra avenida y 70(택시를 타고 '쁘리메라 이 세뗀따'로 가자고 하면 된다.)

푸스터랜드,
바로셀로나의 구엘공원이 쿠바에

쿠바에 도착하고 두 달이 채 안 된 어느 날, 한 지인의 연락을 받았다. 남편은 한국에서 만나서 알고 있었지만, 나는 못 뵌 분이었다. 성격 좋아 보이는 대표님이 남편과 시동생 부부와 함께 2주 동안 쿠바를 여행하실 예정이라며 남편과 나에게 가이드를 부탁하였다. 당시만 해도 나는 쿠바 전문가가 아니었기 때문에 돈을 받고 가이드를 하는 건 양심에 어긋나는 일이라는 생각이 들었다. 고심 끝에, 남편과 내가 최선을 다해서 여행 코스를 준비하고 가이드를 해 드릴 테니 가이드 비용 대신 우리의 숙박, 교통, 식사 등 함께 여행하면서 발생되는 경비를 지불하시면 어떻겠냐고 제안드렸더니 흔쾌히 좋다고 하였다. 그렇게 해서 나는 대표님 일행과 2주 동안의 쿠바 여행 일정을 준비하기 시작했다.

예술가이신 대표님을 위해 쿠바 예술을 접할 수 있는 곳에 대해 고민해 보았다. 미술에 관심 있는 이들이 방문하는 국립미술관, 센트로 아바나에 있는 예술 거리인 까예혼 데 아멜, 그리고 다양한 예술품들을 접할 수 있는 수공예 마켓인 산호세 시장과 같은 남들이 다 아는 그런 곳 말고 대표님 일행이 우와~ 하며 놀랄 만할 곳을 소개하고 싶어 열심히 알아보던 중 한 곳을 알게 되었다. 바로 푸스터랜드(Fusterlandia)였다.

처음에 사진을 보고는 쿠바에 이런 데가 있다고? 하면서 깜짝 놀랐다. 분위기가 마치 스페인 바로셀로나에 있는 구엘공원과 흡사했기 때문이었다. 바로셀로나에 처음 갔을 때 가장 먼저 했던 것이 '가우디 투어'였을 정도로 나는 안토니 가우디(Antoni Gaudí)를 좋아하는데, 푸스터랜드는 가우디를 연상시키기에 모자람이 없을 정도였다.

지도를 보니 아바나 서쪽 외곽에 위치하고 있었다. 대표님께 미리 보내드린 일정표에는 이곳을 포함하지 않았고 서프라이즈로 보여드릴 계획이었다. 드디어 푸스터랜드에 가는 날이 되었다. 올드 아바나에서 차량으로 약 삼십 분 정도 이동하면 만날 수 있는 이곳은 '하마이따스(Jamaitas)'라는 이름의 작고 평범한 어촌마을이었는데, 호세 푸스터(José Fuster)라는 예술가가 1975년에 이곳으로 이사 오면서 쿠바에서 가장 독특하고 예술적인 마을로 변신하기 시작했다.

1946년에 쿠바의 비야 클라라(Villa Clara)에서 출생한 호세 로드리게스 푸스터(José Rodríguez Fuster)는 1965년에 아바나 국립 예술학교를 졸업한 후, 세라믹 예술가로 본격적으로 일을 하기 시작했다. 작품활동을 하던 중 유럽에 가서 피카소와 가우디 등 최고의 작품들을 접한 뒤 다시 쿠바로 돌아와 1975년에 아바나 외곽의 이 작은 마을에 와서 목재로 된 집을 구입했다. 푸스터는 자신의 집을 시작으로 모자이크 프로젝트를 시작하여, 지금은 80개가 넘는 이웃들의 집과 마을에 있는 벽, 기둥, 의자, 가게 할 것 없이 마을 곳곳을 알록달록한 컬러의 모자이크 타일로 변화시켰고, 지금도 꾸준히 변신을 시도하는 중이다. 호세 푸스터 덕분에 보잘것없던 이 마을에 관광객들이 방문하기 시작했고, 푸스터 갤러리에서 판매하는 작품의 수익으로 지속적인 작업을 할 수 있게 되었다.

푸스터랜드는 입구부터 알록달록 예쁜 동화마을 같아서, 그저 보기만 해도 밝고 경쾌해지는 마법 같은 곳이다. 게다가 사랑을 추구하는 예술가답게 곳곳에 내가 가장 좋아하는 하트가 즐비해 가만히 있기만 해도 사랑이 넘치는 걸 느낄 수가 있었다.

대표님은 이곳에서 색다른 영감을 받았다고 하며 소개해줘서 너무 고맙다고 말씀하셨다. 대표님뿐만 아니라 가족 모두 행복한 표정으로 즐거워하는 모습에 어찌나 뿌듯하던지!

이곳은 쿠바에 사는 나조차도 갈 때마다 기분이 좋아지는 곳이고 내가 데려간 모든 이들이 만족한 곳이라, 아바나를 방문하는 분이라면 꼭 가보셨으면 하는 마음이다. 안타깝게도 이곳은 아바나 외곽에 있다 보니 버스로 가는 건 좀 힘들고 택시를 타고 가야 해서 쉽게 갈 수 있는 곳이 아니지만, 예술을 사랑하는 분이라면 택시를 타고서라도 가보실 것을 추천한다.

택시 기사나 바한다 택시 애플리케이션에서 '푸스터란디아(Fusterlandia)'라고 하면 되고, 나올 때 택시 구하는 게 쉽지 않을 수 있으므로 왕복으로 예약하는 게 좋다.

쿠바 최대 휴양지 바라데로, 올인클루시브 리조트의 끝판왕

결혼 후 쿠바에 온 첫해 연말에 남편에게 물어보았다.

"자기는 이번 새해를 어디에서 맞이하고 싶어?"

남편이 시원하게 대답하지 않고 머뭇거리길래 괜찮으니 솔직하게 말해보라고 하자 이렇게 답했다.

"나는 바라데로에서 새해를 맞이하는 게 소원이야."

소원이라고? 죽은 사람 소원도 들어주는데 산 사람 소원, 그것도 내가 사랑하는 사람 소원이라는데 들어줘야지, 하면서 곧바로 여행사에 가서 바라데로 호텔과 교통편을 알아보았다. 이미 크리스마스가 지났고 며칠 후면 연말이라 선택의 기회가 많지 않았다. 몇 개 없는 기회를 잘 살핀 후 우리는 바라데로에서 가장 핫한 62번가에 있는 4성급 호텔을 예약하고 는, 그곳에서 환상적인 연말과 새해를 맞이하였다.

4성급 호텔이라 별 기대를 하지 않았는데 연말 디너는 내 예상을 훌쩍 뛰어넘었다. 쿠바에 있는 음식은 모두 이곳에 집합시켜놓았는지 온갖 다양한 종류의 음식들이 화려하게 펼쳐져 있었고, 쿠바에서 처음 보는 음식들도 여럿 있었다. (철저히 쿠바 기준이다.) 달달구리를 특히나 좋아하는 쿠바인들과 서양인들을 위해 각종 디저트도 컬러별로 뽐내고 있었다. 저녁을 배불리 먹고는 호텔에서 무료로 제공하는 칵테일과 맥주를 마시다가 현지인들과 관광객들로 발 디딜 틈이 없는 호텔 건너편 62번가 카페에서 공연을 관람했다. 자정을 앞두고 다시 호텔로 돌아가 투숙객들을 위한 호텔의 새해맞이 이벤트를 즐기며 다 함께 카운트다운을 했다. 5,4,3,2,1. 펠리스 아뇨 누에보!(새해 복 많이 받으세요!) 모두 신이 나서 서로 인사를 하고 안고 뽀뽀했다. 축제 분위기였고 한동안 공연이 이어졌다. 쿠바에서 처음 맞이하는 새해이기도 했고, 남편의 바람인 바라데로에서 맞이하는 특별한 새해여서 우리는 끝까지 자리에 남아 알뜰하게 즐겼다. 그때만 해도 바라데로에 어떤 호텔이 좋은지 잘 몰랐고, 5성급 호텔에 가는 게 부담스러워 4성급 호텔에 간 것이었는데, '4성급이 이 정도면 5성급의 연말 행사는 도대체 어느 정도일까?'라는 궁금증이 생겼다.

대부분의 쿠바인처럼 남편도 나를 만나기 전까지 아바나 이외에 다른 도시를 여행해 본 적이 없다고 했다. 하지만 한 군데, 바라데로는 예외였다. 바라데로에 친척이 살고 있어서 어릴 때 가족들끼리 가서 물놀이를 했다며 옛 추억을 풀어놓았다. 남편에게는 바라데로가 특별한 곳이었다.

　쿠바 최대의 휴양지인 바라데로는 아바나 바로 옆 동네인 마탄사스 주에 위치하여 아바나에서 차를 타고 동쪽으로 약 두 시간 정도만 이동하면 된다. 아바나에서 가까워 쿠바에 여행 오는 많은 한국인이 다른 곳을 다 구경하고 한국으로 돌아가기 전에 마지막으로 휴식을 취하는 곳이기도 하다.

　1959년 혁명 이전의 바라데로는 미국 백만장자들이 으리으리한 맨션을 지어 휴양했던 곳이었다. 우리가 아는 알카포네와 듀퐁이 대표적인 예이다. 하지만 혁명 후 모든 장소가 국가 소유가 되면서 박물관으로 변신하였다. 1990년대에 들어와 구소련이 해체되면서 경제적으로 힘들어진 쿠바 정부가 관광 산업을 육성하고자 스페인의 회사와 손잡고 본격적으로 바라데로 해안가에 고급 리조트를 건축하기 시작하여, 지금은 수많은 호텔과 리조트들이 바다를 옆에 두고 줄지어 있다.

　바라데로 호텔은 올인클루시브(all inclusive) 방식으로 숙박비는 물론이고 식사와 음료(알코올과 무알코올), 해양스포츠 및 호텔에서 주최하는 액티비티가 모두 포함되어 있다. 개인적으로 마사지를 받거나 20~30분가량 배 타고 바다 한가운데로 나가 스노클링을 하는 건 따로 비용을 내야 하지만 대부분의 해양스포츠는 무료이다. 멕시코 칸쿤의 호텔들이 바라데로의 올인클루시브 모델을 카피했다는 이야기는 잘 알려져 있다. 바라데로의 호텔은 자본주의 호텔의 끝판왕인 옆 나라 멕시코의 대표적인 휴양지인 칸쿤 호텔과 비교하면 시설 면이나 음식, 이벤트 등에서 실망스러울 수 있지만, 가격은 칸쿤보다 훨씬 저렴하니 나름의 장점이 충분히 있는 곳이다. 여행객들의 이야기를 들어보니, 천국 같은 바라데로 호텔에서 저렴하게 편히 잘 쉬었다 간다는 분이 있는 반면, 이게 무슨 호텔이냐고 하며 실망스러웠다는 의견도 있었다.

바라데로는 호텔에서 하루 종일 머물며 휴양하는 곳이기 때문에 호텔 선택이 아주 중요한데, 호텔만 52개 이상이라 인터넷에 적힌 후기만 보고 선뜻 결정하기란 쉽지 않다. 그러다 보니 나에게 호텔 추천을 부탁하는 경우가 종종 있는데, 그 경우 나는 두 호텔을 추천한다. 5성급 중에서는 멜리아 인터내셔널 바라데로(Melia Internacional Varadero), 4성급 중에서는 블라우 바라데로(Blau Varadero) 호텔이다.

등급을 떠나서 두 호텔의 가장 큰 차이는 멜리아 인터내셔널 바라데로는 아이들과 함께 갈 수 있는 곳이고, 블라우 바라데로는 성인 전용이라는 것이다. 아이들이 없는 곳에서 조용하게 휴식을 취하고 싶다면 블라우 바라데로가 좋을 것이다. 휴가로 쿠바에 온 친구 한 명이 동료와 이 호텔에서 여러 날 동안 푹 쉬다 갔는데 싱글인 그녀는 가격대비 시설과 식사, 호텔 내 이벤트 등 모든 게 마음에 들었다며 엄지척을 하였다. 나 또한 한국에서 친한 동생이 왔을 때 크리스마스이브를 이 호텔에서 보냈는데 아주 만족스러웠다. 다른 곳에 비해 블라우 바라데로 호텔 뷔페 음식이 다양하고 맛있다는 의견이 많으며, 호텔 내부 인테리어를 식물로 멋지게 장식한 것도 손꼽을 만하다.

그럼 5성급인 멜리아 인터내셔널 바라데로 호텔의 장점은 무엇일까?

2019년에 오픈하여 바라데로에서 가장 새 호텔인 멜리아 인터내셔널 호텔은 로비에 들어가는 순간 5성급 호텔의 위엄을 바로 느낄 수가 있다. 이 호텔의 최대 장점은 호텔 외부 바닷가를 제외한 모든 장소에서 인터넷이 된다는 것이다. 수영장에서도 인터넷이 되는 걸 보고 얼마나 놀랐던지…. 이게 무슨 장점이야? 라고 할 수 있겠지만 인터넷 사용이 다른 자본주의 국가에 비해서 열악한 쿠바에서는 엄청난 일이다. 요즘 새로 오픈하는 특급호텔들은 호텔 전체에서 인터넷을 사용할 수가 있지만, 예전에 지어진 특급호텔의 경우에는 지금도 인터넷 카드를 구입해서 로비에서만 사용이 가능하다(위의 블라우 호텔도 로비에서만 인터넷 사용이 가능하다).

이 호텔에서는 체크인할 때 투숙객 개개인에게 인터넷 고유번호를 제공하므로 호텔에 머무는 동안 싫증 날 때까지 인터넷을 사용할 수 있다. 속도 또한 빨라서 쿠바에서 휴양을 하고 싶은데 인터넷 필요하신 분들은 멜리아 인터내셔널 바라데로 호텔에 투숙할 것을 추천한다. 바라데로 최고급 특급호텔답게 밤에 하는 공연의 수준도 높고, 무제한 칵테일과 음료의 종류도 다른 호텔에 비해서 다양하고 고급져서, 럭셔리한 휴식을 제대로 즐길 수가 있다. 호텔에서 바닷가로 나가는 길은 또 얼마나 예쁜지! 사진을 찍으면 그냥 화보가 된다.

아날로그의 대명사이자 시간이 멈춘 나라이지만, 쿠바에서도 럭셔리한 삶을 가끔은 누릴 수가 있다. 쿠바에서는 비수기(5월부터 10월)와 성수기 때 호텔의 가격 차가 거의 두 배까지 되기도 하는데, 성수기에는 사람들도 많지만 비싸서 좋은 호텔을 가는 게 쉽지 않다. 다행히도 우리의 결혼

기념일은 비수기인 시월이라 매년 결혼기념일을 멜리아 인터내셔널 바라 데로 호텔에서 보내면 좋겠다고 남편과 이야기를 했는데, 코로나19 전에 한 번만 가고 그 이후에는 갈 수가 없었다. 쿠바가 다시 예전으로 돌아오면 남편과 다시 가서 그동안 못 누린 호사를 누려보고 싶다.

플라야 히론, 별 보러 가자

쿠바에서 가본 데 중 어디가 가장 좋았냐고 요즈음 핫한 MZ세대에게 물어보면 대다수가 이런 대답을 할 것이다.

"플라야 히론(Playa Girón)이요!"

수도 아바나에서 차를 타고 남쪽으로 약 세 시간 정도 내려가면 있는 카리브해의 작은 시골 마을인 히론이 젊은 세대들에게 유명한 데에는 몇 가지 이유가 있다.

첫 번째, 히론에는 단돈 15쿡(만8천 원)만 내면 오전 10시부터 오후 4~5시까지 마음껏 물놀이를 하고, 무제한으로 먹고 마실 수 있는 올인클루시브 리조트가 두 군데 있다.

칼레타 부에나(Caleta Buena)와 푼타 페르디스(Punta Perdíz)가 그 주인공인데, 이들의 매력은 전혀 인위적이지 않은 천혜의 자연 속에 있다는 것이다. 작은 돌담으로 둘러싸인 그곳에 입장권을 사서 들어가면 햇빛에 반사되어 마구마구 빛을 뿜어내는 에메랄드빛 바다가 눈앞에 펼쳐지면서 우와~ 하는 탄성이 절로 나온다. 선탠을 하고픈 이들은 바닷가 앞 선베드를, 그늘을 선호하는 이들은 나무 그늘에 있는 오래된 선베드를 골라서 온종일 쉬면 된다.

히론의 올인클루시브 리조트 입장료에는 선베드와 뷔페인 점심과 간식, 그리고 음료가 포함되어 있다. 모히토나 피냐 콜라다 같은 쿠바의 대표 칵테일부터 맥주와 음료를 무제한으로 마실 수 있어, 젊은 친구들에게는 그야말로 천국 같은 곳이다. 칵테일을 많이 마실 분은 자신의 텀블러를 가져가는 걸 추천하는데, 환경 보호뿐만 아니라 그곳의 플라스틱 컵은 아주 작은 데다 얇아서 텀블러가 없으면 수시로 왔다 갔다 하는 게 귀찮기 때문이다(이건 바라데로의 올인클루시브 호텔에도 적용된다).

모든 게 포함된 바라데로의 럭셔리한 올인클루시브 호텔과 달리 이곳의 올인클루시브에는 포함되지 않는 것이 있다. 스노클링 장비나 구명조끼는 신분증을 맡기고 대여해야 하고, 수건을 따로 제공하지 않으므로 비치 타월을 반드시 챙겨가야 한다. 칼레타 부에나에 처음 갔을 때 수건은 당연히 주는 줄 알고 챙겨가지 않았다가 당황한 적이 있었다. 스쿠버다이빙을 하고 싶으면 리조트 안에서 돈을 받고 장비를 빌려주고 가르쳐주는 곳이 있으므로, 그곳을 이용하면 된다.

두 군데 올인클루시브 리조트를 비교해보자면 칼레타 부에나가 규모가

더 크고 세련된 느낌에 물이 잔잔하고 수심이 얕아서 스노클링을 하기에 좋고, 푼타 페르디스는 작지만 수심이 깊고 어종이 다양해 스쿠버다이빙을 하기에 더 좋다. 푼타에는 다이빙을 할 수 있는 다이빙대가 있어서 함께 갔던 물을 좋아하는 동생들이 좋은 컷의 사진을 건지느라 다이빙만 수십 번을 하기도 했다. 겁이 많은 나는 거의 기어가다시피 해서 다이빙대에 걸터앉아 덜덜 떨며 사진을 찍은 웃픈 기억이 있다.

인터넷도 잘 안되고 ATM 기계도 갖춰져 있지 않은 이 작은 바닷가 마을이 인기가 많은 두 번째 이유는 바로 '별'이다. 낮에는 올인클루시브 리조트에서 맘껏 놀고 쉬면 되는데, 숙소로 돌아와서 씻고 저녁을 먹고 나면 할 일이 하나도 없다. 온 마을이 그저 깜깜하고 적막만이 감도는데, 그래서 별들이 유독 더 돋보일 수밖에 없다. 밤이면 온 사방이 네온사인에 둘러싸인 환하고 정신없는 도시에 살다가, 십 미터 앞조차 보이지 않는 깜깜한 시골에 가면 하늘과 더 가까워진 느낌이랄까? 굳이 고개를 높이

들지 않아도 내 머리 위에서 별들이 쏟아질 것만 같아서 손을 뻗어보지만, 잡히지는 않는다. 그저 그렇게 반짝이는 별을 보며 괜히 낭만에 젖는 순간 적재의 '별 보러 가자' 노래를 들으면 마치 내가 이 세상의 주인공이 된 듯한 느낌이 들 것이다.

세 번째 이유는 쿠바 시골의 순박함을 느낄 수 있어서이다. 수도인 아바나에는 관광객들을 대상으로 각종 호객행위나 바가지를 씌우는 일이 많다 보니, 그런 것에 질린 사람들은 아바나 공항에 도착해서 택시를 타고 곧바로 플라야 히론으로 간다. 낮에는 카리브해의 푸른 바다, 밤에는 별들만 반짝이는 하늘뿐인 고요한 이곳에서는 누구의 방해도 받지 않기 때문에 정신없이 바쁜 한국 생활에서 받은 스트레스를 고스란히 날려 버릴 수가 있다. 게다가 시골답게 담도 낮고 사람들은 정겹다. 이곳이야말로 시간이 멈춘 곳이라는 말이 가장 어울리는 곳이 아닐까?

히론에서 휴대폰을 잃어버린 한국인을 만난 적이 있었다. 어찌하다가 그녀가 나에게 도움을 청했고, 나는 그곳에서 만난 택시 기사님의 도움을 받아서 휴대폰을 두고 내린 버스를 추적할 수가 있었다. 작은 마을이라 서로를 다 알기에 택시 기사님이 해당 버스 기사님의 집에 우리를 데리고 가셨는데, 버스 기사님이 집에 안 계시자 그의 아내에게 전화해 달라고 요청을 하시며 어떻게든 휴대폰을 찾아 주기 위해서 안간힘을 쓰셨다. 안타깝게도 휴대폰을 찾지는 못했지만, 히론 주민들의 따뜻한 정을 충분히 느낄 수 있는 시간이었다. 쿠바에 사는 나도 히론에 갈 때마다 그런 경험을 하며 감동받는데, 하물며 한국에서 오시는 분들은 오죽할까!

이렇게 평화롭고 아름다운 히론은 역사적으로 매우 중요한 곳이다. 학교 다닐 때 역사 시간에 한 번씩은 들어봤을 '피그만 침공사건'의 본고장

이 바로 이곳, 히론이다. 1959년 1월 1일에 쿠바 혁명에 성공한 피델 카스트로는 1961년 4월 16일에 사회주의 국가 선언을 했다. 그러자 다음 날인 4월 17일 새벽에 CIA(미국 중앙정보국)의 훈련을 받은 반카스트로 쿠바인 1,400여 명이 카스트로 정부를 전복하기 위해서 피그만 해안에 상륙했다. 이 침공은 3일 만에 쿠바의 대승으로 결론이 나면서, 당시 미국 대통령이었던 케네디를 전 세계적인 웃음거리로 만들어 버렸다.

그와 반대로 어깨에 힘이 잔뜩 들어간 타고난 정치꾼인 피델 카스트로는 이 기회를 놓칠세라 미 정부와 협상하여 천 명이 넘는 포로들을 풀어주는 조건으로 약 5,300만 달러 상당의 의약품과 식품을 지급받았다.

아바나에서 히론으로 가다 보면 길 양쪽으로 비석 같은 것들이 쭉 세워져 있는데, 그때 희생된 쿠바인들을 기리는 비석들이다. 히론 터미널 맞은편에 비행기가 보이는 곳은 박물관으로, 피그만 침공 자료를 모아둔 곳이다. 휴식을 취하다가 심심하면 박물관에 가서 잠시 역사 공부를 하는 것도 좋을 것이다.

지금도 마차가 다니는 카리브해의 작은 시골마을, 플라야 히론으로 별 보러 함께 가보자.

트리니다드 까사 마일란,
호텔 파티쉐가 제공하는 최고의 조식

아바나에서 동남쪽으로 약 4시간 반 정도 차량으로 이동하면 만날 수 있는 트리니다드는 도시 전체가 1988년 유네스코 세계문화유산으로 등재된 곳이다. 발 편한 슬리퍼를 신고 갔다가 울퉁불퉁한 자갈길에 발이 아프고, 트렁크는 잘 끌리지도 않아서 한 발자국씩 옮길 때마다 짜증 날 수도 있지만, 도시 곳곳이 컬러풀하고 아기자기한데다 예술품들 보는 재미가 쏠쏠해서 남녀노소 할 것 없이 좋아한다. 또한, 쿠바 역사에서 빼놓을 수 없는 사탕수수 노예의 가슴 아픈 현장을 고스란히 간직하고 있어, 역사 투어를 하기에도 좋은 곳이다.

트리니다드에는 한국인 배낭여행자들 사이에 유명한 인물이 한 명 있는데, '차메로(Chamero)'라는 이름의 쿠바 아저씨이다. 호탕한 성격에 호남형인 그는 한국말과 영어를 곧잘 구사해, '트리니다드에 가서 차메로만 찾으면 모든 게 해결된다.'라는 게 공식일 정도이다. 일부 여행자들은 아무 준비 없이 트리니다드에 도착해서 차메로의 집이 어딘지 물어보고 찾아가 숙소부터, 살사 강습, 말 타고 계곡 가기, 택시 예약 등 모든 것을 해결하기도 한다.

내가 차메로를 알게 된 건 결혼 전 두 달 동안 남편과 쿠바 여행을 할 때였다. 당시 우리는 트리니다드 관광의 중심지인 마요르 광장 근처에서 숙박하고 있었는데, 말을 타고 계곡에 갔다가 동생뻘 한국인 4명을 만나게되었다. 그중 한 명이 차메로를 아는지 물어보았고, 모른다고 하자 차메로 집에서 랍스터 식사를 판매하는데 10쿡(만2천 원)에 진수성찬을 차려준다며 우리도 와서 꼭 먹어봐야 한다고 했다. 도대체 차메로가 누구인지 또 식사가 어떻게 나오는지 궁금해서 그날 저녁에 차메로 집을 방문했다. 남편이 쿠바인이라 우리는 차메로와 바로 친해졌고, 랍스터 진수성찬을 먹기 위해서 일박 연장까지 하게 되었다.

그렇게 차메로와 인연을 맺은 나와 남편은 다음 해에 우리 커플을 포함한 세 커플이 트리니다드에 가게 되어 차메로에게 방 세 개가 있는 숙소를 예약해 놓았다. 그런데 도착해 보니 내가 예약한 숙소에 먼저 예약한 사람이 있다는 걸 몰랐었다며 다른 숙소를 준비해 놓았다고 했다. 세 커플이 각각 다른 숙소에 머물러야 한다고 해서 몹시 황당했지만, 늦은 저녁 시간이라 일단 알겠다고 했다. 일행들에게는 미안하다며 상황을 설명했고, 차메로의 안내로 각자의 숙소에 가서 짐을 풀었다. 일행들 숙소가

큼직했던 반면 내 숙소는 조금 작은 곳이었는데, 그 전에 친한 동생과 함께 와서 숙박했던 곳이라 주인과 반갑게 재회하게 되었다.

각자의 숙소에 가방을 두고 서로의 숙소가 어떤지 놀러 가보았는데 일행들이 나의 숙소가 공간은 작아도 앞뒤로 트여있어서 제일 좋다고 하였다. 늦은 밤이라 갈 데도 없는 데다, 나의 숙소가 맘에 든다고 하여 일행들과 내 숙소 2층 현관 앞 의자에 앉아서 도란도란 이야기하기 시작했다. 주인아주머니가 그 모습을 보고는 트리니다드 특산 칵테일인 '칸찬차라 (Canchanchara)'를 만들어 와서 맛을 보라며 한 잔씩 건네었다.

도자기를 빚기에 적합한 진흙이 많아 도자기로도 유명한 트리니다드의 칵테일답게 '칸찬차라'는 작은 도자기 항아리 잔에 담겨 나온다. 럼, 라임, 꿀, 물, 얼음을 넣고 빨대로 꿀이 녹을 때까지 저은 후 마시는 이 칵테일은 아픈 목에 특효약이라 내가 목이 아플 때마다 남편이 만들어주는 칵테일이기도 하다.

시원한 커트 머리에 날씬하고 이쁜 우주 최강 오지랖(나를 능가한다)인 주인아주머니는 일행들의 반응이 좋은 걸 눈치채고는 다음 날 특별한 일정이 없으면 무료로 가이드를 해주겠다고 제안했다. 일행들 모두 좋다고 하여, 다음 날 오전부터 늦은 오후까지 아주머니의 특별 가이드로 내가 가보지 못한 트리니다드의 여기저기를 구경하게 되었다. 숙소에서부터 천천히 걸어가면서 길거리 츄로스도 먹어보고, 도자기 장인의 집에 가서 장인이 직접 도자기를 만드는 것도 구경했다. 돌아오는 길에는 새로 생긴 수제 맥주 공장에 가서 피자에 시원한 맥주를 마시며 여유로운 시간도 가졌다. 예전에 감옥이었던 곳을 개조해서 만든 이곳은 쿠바에서 네 번째로 생긴 수제 맥주 공장으로, 시원한 생맥주도 맛나지만, 안주와 식사도 가격대비 훌륭해 트리니다드를 방문할 때마다 오는 곳이다.

나와 눈만 마주치면 웃으며 종알종알 쉴 틈 없이 말을 이어가는 아주머니는 예전에 호텔 객실부에서 20여 년을 일해서인지 렌트하는 방들이 정갈하고 먼지 하나 없이 깨끗하다. 그녀의 남편은 호텔에서 파티쉐로 일하고 있어서 다른 까사(숙소)에서는 보기 힘든 색다른 빵들이 조식에 차려져 나온다. 여기저기 많이 다녀보았는데, 내가 머물렀던 까사들 중에서 조식이 가장 훌륭했던 곳이 바로 마일란 아주머니댁이었다. 나는 프렌치토스트를 좋아하는데, 쿠바에서 유일하게 프렌치토스트를 먹었던 곳이기도 하다.

아바나를 제외한 대부분 도시나 시골의 까사(숙소)에는 조식이 숙소비에 포함되거나 포함이 안 될 경우 인당 5쿡(6천 원)을 청구하는데, 보통 주스, 커피, 빵, 계란, 과일 등이 한 상 차려진다. 조식에 대한 자부심이 엄청

난 마일란 아주머니는 다른 숙소에 비해 더 푸짐하고 예쁘게 상을 차리고는 아침을 먹고 있거나 먹은 후에 다가와 식사가 맛있었는지 반드시 확인한다. 맛있다고 엄지척을 하면 함박웃음을 짓고는 그제야 만족한 표정으로 발걸음을 돌린다.

마일란 아주머니는 2개의 방을 렌트하는데, 각각의 방에 퀸사이즈 침대 하나, 싱글 침대 하나, 현대식 에어컨과 선풍기, 물과 각종 음료가 든 미니 냉장고(판매용)와 옷걸이가 있으며, 뜨거운 물이 잘 나오는 화장실이 있다. 방은 작지만 창문이 있어서 빛이 잘 들어오고, 창문을 열면 푸른 나뭇잎들과 새소리로 눈과 귀가 시원해진다. 하지만 모기나 벌레가 두려운 분들은 창문을 열 때 한 번 생각해 보아야 한다. 쿠바의 집에는 모기장이 없기 때문이다.

2층인 이 집의 가장 안쪽에는 조식을 먹는 야외 테라스 같은 공간이 있다. 초록의 커다란 바나나 잎사귀와 키 높은 나무들이 반겨주는 확 트인 그곳에서 최고의 조식을 먹고 나면 잠시 게을러지고 싶은 마음이 절로 들지만 그러면 안 된다. 트리니다드의 낮은 너무 뜨거워 다니기가 힘들므로, 조식을 먹고 나면 재빨리 움직여야 한다. 보통 아침 먹고 나면 말 타고 계곡으로 가거나, 택시를 타고 예전에 노예가 일했던 인헤니오스 계곡으로 역사 투어를 가는데, 다녀오면 점심때라 점심을 먹고 난 후 씻고는 에어컨이 나오는 시원한 방에서 낮잠을 자거나 휴식을 취하면 그야말로 꿀맛이다.

먼지 하나 없는 깨끗한 방에 최고의 조식에다 한국인의 정까지 느낄 수 있는데, 숙소비는 저렴한 게 이 숙소의 장점이다. 마일란 아주머니도 다른 까사 주인들처럼 말 투어나 역사 투어, 택시 예약 등 필요한 것은 모두 도와주므로 지인들이 트리니다드 숙소를 소개해달라고 하면 싱글이나 커플의 경우에는 이곳을 알려준다. 장점이 있으면 단점도 있겠지. 이 집은 트리니다드 관광의 중심지인 마요르 광장에서 걸어서 약 15분 정도 떨어져 있으므로, 걷는 걸 마다하지 않으면서 저렴하고 깨끗한 숙소를 찾는 분들께 추천한다. 방이 2개뿐이라 인원수가 많은 경우에는 마요르 광장 근처에 있는 방이 많은 숙소가 낫다.

관광업이 주 수입원인데, 코로나19로 직격탄을 맞아 마일란 아주머니도 몹시 힘든 나날들을 보내고 있다. 설상가상으로 사랑하는 어머니와 아버지를 이 기간에 떠나보내게 되었다며 연락을 주었는데, 어떻게 위로해야 할지 몰라 내 마음도 함께 아팠다. 쿠바도 2021년 11월 15일에 다시 문을 열었는데, 여러 가지 사정으로 까사 운영은 2022년 이후에 재개할 예정이라고 아주머니가 전해주었다. 코로나 치료제가 나오고 여행이 활성화되어 트리니다드에도 관광객들이 방문하기 시작하면 마일란 아주머니의 활짝 웃는 모습을 볼 수 있겠지. 그날이 하루빨리 오기를 두 손 모아 기도한다.

플라야 필라르, 헤밍웨이가 사랑한 해변

죽어서도 쿠바를 먹여 살리는 두 인물이 있다. 바로 쿠바 혁명의 주인 공인 체 게바라와 『노인과 바다』로 노벨 문학상을 수상한 헤밍웨이이다. 아이러니하게도 두 사람은 쿠바인이 아니다. 체 게바라는 아르헨티나 사람이고, 헤밍웨이는 미국인이다. 그중에서도 헤밍웨이는 쿠바를 좋아해 서 쿠바에서 29년을 살았기에, 쿠바의 여기저기에서 그의 흔적을 찾을 수가 있다.

대표적인 곳이 내가 쿠바에서 처음으로 머물렀으며 『노인과 바다』의 배경이 된 아바나 근교의 작은 어촌마을인 코히마르(Cojímar)이다. 그뿐

아니라 헤밍웨이가 앉은 자리에서 12잔의 다이끼리를 마셨다는 올드 아
바나에서 가장 유명한 바인 엘 플로리디따(El Floridita)와 헤밍웨이의 모
히또로 유명한 라 보데기따 델 메디오(La Bodeguita del Medio), 그가 7년
동안 머무르면서 『누구를 위하여 좋은 울리나』 초반부를 집필한 암보스
문도스 호텔, 그리고 지금은 헤밍웨이 박물관으로 변했지만 헤밍웨이가
22년간 살았던 아바나 근교의 저택인 핑까 비히아(Finca Vigía)가 있다. 아
바나에 와서 '헤밍웨이 투어'를 하게 되면 모두 들르는 곳이다. 그중에서
헤밍웨이가 살았던 저택인 핑까 비히아에 가보면 수영장 뒤편에 그가 타
던 배가 전시되어 있는데, 그 배의 이름이 필라르(Pilar)이다.

　그런데 쿠바에 그의 배와 같은 이름을 가진 해변이 있다. 그것도 아바나
근교가 아니라, 아바나에서 북동쪽으로 8시간 이상 차를 타고 가야 하는
쿠바의 중부지방에 위치한다. 헤밍웨이가 살아생전 가장 좋아해서 피델
카스트로가 아예 헤밍웨이의 배 이름을 붙여버렸다는 필라르 해변(Playa
Pilar)은 나도 발을 딛자마자 홀딱 반해버린, 내가 쿠바에서 가장 좋아하
는 해변이다.

가는 길이 쉽지 않고 시간과 비용 모두 많이 드는 곳이지만, 밀가루처럼 새하얀 모래가루 안쪽으로 펼쳐진 청량한 에메랄드빛의 환상적인 바다를 보는 순간, 힘들게 차를 타고 온 피곤함이 한 방에 날아가 버린다. 누군가가 '쿠바에서 가장 예쁜 바다'라고 적어놓은 걸 어딘가에서 보았고, 확인차 가본 것이었는데, 그 말이 사실이었음을 곧바로 인정하게 되었다.

필라르 해변은 시에고 데 아빌라(Ciego de Ávila) 주에 속한 '왕들의 정원'이라는 뜻의 하르디네스 델 레이(Jardines del Rey) 열도 안에 있는 카요 기예르모(Cayo Guillermo) 섬에 위치해 있다. 이 열도에는 카요 기예르모(Cayo Guillermo)와 카요 코코(Cayo Coco), 두 개의 작은 섬이 있는데 필라르 해변은 카요 기예르모의 맨 끝에 있는 해변이다.

'왕들의 정원'이라는 이름답게 들어가는 입구부터 황홀하다. 바다를 메운 길에 차를 타고 달리면 도로 양쪽으로 끝이 안 보이게 펼쳐지는 맑은

터키석 색상의 청량한 바다가 입을 다물 수 없게 만들어 버린다. 2017년에 쿠바를 휩쓸고 간 허리케인 '이르마(Irma)'의 영향으로 이곳의 호텔들은 계속 수리 중이지만, 눈 앞에 펼쳐진 푸른 바다와 야자수를 보면 이곳이 진정 천국이구나! 하는 생각이 절로 든다.

이곳의 호텔들도 바라데로와 마찬가지로 모두 올인클루시브여서, 식사부터 음료, 해양스포츠가 모두 요금에 포함되어 있다. 이 섬에도 5쿡(6천 원)을 내면 온 섬을 다 구경할 수 있는 2층 관광버스가 있는데, 섬의 끝에서 끝까지 약 2시간 정도가 소요된다. 필라르 해변은 카요 기예르모의 맨 끝에 위치하고 있는데, 내가 머물던 호텔은 카요 코코에 있었다. 호텔에서 2층 관광버스를 타면 백여 분 정도를 달려야 필라르 해변에 도착하므로 왔다 갔다 하며 해변에서 놀다 보면 점심시간이 훌쩍 지나가 버린다. 그런 걸 알고 이 섬에서는 관광객들을 위해서 연계된 호텔에서 점심을 먹을 수 있는 시스템을 만들었다. 필라르 해변에 가기 전에 내가 머무는 호텔 리셉션에 이야기하면 숙박확인증을 써 주는데, 필라르 해변에서 몇 시간 동안 놀다가 숙박확인증을 가지고 해변 근처에 있는 연계된 호텔에 가면 점심을 먹고 음료도 무제한으로 마실 수 있다.

하지만 이런 시스템이 있다는 걸 호텔에서는 알려주지 않기 때문에 금시초문이었던 나는 버스 안에서 다른 외국인 관광객과 이야기하다가 알게 되었다. 호텔에서 필라르 해변까지 가는 시간이 생각보다 길어져 점심이 걱정이었는데 이 시스템이 있다는 걸 알고 남편에게 얘기했더니, 남편이 관광버스 기사님의 도움을 받아 연계된 호텔에 가서 확인증이 없었음에도 점심을 먹을 수 있었다. 물론 그곳의 직원이 내가 머물던 호텔에 전화해서 나와 일행들의 투숙 여부를 꼼꼼히 확인한 다음이었다.

　필라르 해변도 환상적이었지만, 백여 분 동안 2층 관광버스를 타고 필라르 해변으로 가는 길은 지금까지 내가 본 최고로 멋진 길이 아니었을까 싶을 정도로 아름답고 비현실적이어서 입이 다물어지지 않았다. 도로 양쪽으로 끝없이 펼쳐지는 에메랄드빛 바다와 태초의 순수함을 간직한 듯한 자연 그대로의 맹그로브 숲을 지나면서 이것이야말로 자연이 주는 축복이라는 생각이 들었으니 말이다.

　코로나19가 끝나 이동이 편해지면 이 아름다운 곳에 다시 가서 아직까지 자연 그대로 잘 살아 있는지 확인해 보아야겠다. 그때는 좋은 촬영 도구를 가지고 가서 살아있는 영상을 더 많이 담아오리라. 내 눈과 마음에만 간직하는 게 아니라 많은 이들과 신이 주신 축복을 공유할 수 있도록.

나에게 쿠바란

안녕하세요. 저 오늘 아바나에 도착해서 ATM에서 돈을 인출하려는데, 제 카드가 되지 않아요. 이거 안 되면 당장 쓸 돈이 하나도 없는데, 혹시 저 좀 도와주실 분 계신가요?

남미 단톡방(단체 카톡방)에서 이 내용을 본 순간 '어머, 얼마나 놀랐을까?' 하는 생각이 들면서 바로 회신을 남겼다.

'지금 어디세요?'

'지금 플로리디따 바에 있어요.'

'제가 지금 그쪽으로 갈 테니 거기서 조금만 기다려주세요. 20분 정도면 도착할 거 같아요.'

다행히 나는 아바나 시내에 살고 있어서 헤밍웨이의 다이끼리 칵테일로 유명한 바(bar)인 엘 플로리디따까지는 20분이면 갈 수 있었다. 대충 차려입고 휴대폰과 지갑을 챙겨 나와 지나가는 합승 택시(콜렉티보)를 탔다. 바에 도착해 곤경에 처한 그분을 찾았는데 처음엔 보이지 않았다. 다행히 그곳에서 인터넷이 되었고, 곧이어 등을 돌리고 앉아 있는 한국 여성을 보게 되었다.

"안녕하세요."

서로 인사를 하고 잠시 테이블에 앉아서 얘기를 나누었다. 나보다 어린 싱글 여성으로 혼자 휴가로 쿠바에 왔는데, 바빠 일만 하다 오느라 쿠바의 상황에 대해서 잘 모른 채 카드 한 장만 가져왔는데, 그 카드가 안 될 줄 몰랐다고 했다.

쿠바의 경우, 미국에서 발급받은 신용/체크카드는 아예 사용이 되지 않고, 한국 카드도 되는 게 있고 안 되는 게 있는데, 어떤 게 되는지는 직접 확인할 때까지 알 수 없다. 나는 쿠바에 올 때 2개의 신용카드와 2개의 체크카드를 가지고 왔는데, 그중에서 단 한 장의 신용카드만 사용이 가능했다.

ATM에서 한국 통장에 있는 돈을 인출해서 사용하던 나는 한국에서 오는 지인으로부터 다른 체크카드를 공수받기 전까지 7개월 동안 환율이 조금이라도 낮은 날 신용카드로 현금을 인출하고, 매입이 되면 곧바로 갚는 식으로 했는데도 이자 손해를 꽤 많이 봤다. 그 방법이 특급호텔 몇 군데를 제외하고는 신용카드 사용이 안 되는 나라에서 할 수 있는 최선이었다. (그랬던 쿠바가 이제는 달러 상점에서 신용카드를 사용할 수 있게 된 것이다.)

그런 경험을 톡톡히 한 나로서는 아무도 아는 이가 없는 낯선 땅에 혼자 떨어져, 준비해 온 유일한 카드가 안 되는 상황을 맞이한 그녀의 당혹감에 충분히 공감하였기에 즉시 달려온 것이었다. 그녀가 다이끼리를 다 마신 후에 우리는 자리에서 일어나 함께 ATM이 있는 곳으로 향했다. 그리고는 나의 체크카드에서 그녀가 필요한 만큼의 돈을 인출해서 그녀에게 건네주었다.

그녀는 고마워서 어쩔 줄 몰라 하며 식사 대접을 하고 싶다고 하였다. 한국인을 만나면 늘 반가운지라 그녀의 호의를 받고 싶었지만, 하필 그날 저녁에 약속이 있는 바람에 그녀와의 식사는 힘들었다. 대신 한 잔 하러 가는 건 괜찮다고 하며 뷰가 아주 멋진 한 특급호텔의 바(bar)로 그녀를 데려갔다. (그전에 그녀와 얘기를 하며 그녀의 취향을 파악해 놓았다.) 엘리베이터를 타고 내려서 그곳에 들어간 순간 그녀는 "우와, 여기가 쿠바예요?"라고 말하며 깜짝 놀랐다.

모든 게 오래되어 빛이 바랠 대로 바랜 쿠바에도 새로운 것들이 꾸준히 생겨나고 있다. 특히 관광객 유치를 위한 특급호텔들은 지금도 여기저기에서 한창 공사 중인데, 완성된 몇몇 호텔들을 보면 다른 나라와 비교해보아도 수준이 꽤 괜찮은 편이다(스페인 회사 작품이 많음).

바다가 보이는 테이블에 앉아서 우리는 칵테일을 한 잔씩 주문하였고, 식사해야 하는 그녀를 위해서 간단한 음식도 주문해 주었다. 그곳에서 그녀는 한국에 계신 친언니와 형부의 도움을 받아 빌린 돈을 바로 내 통장으로 입금해 주었고, 그때부터 마음 편하게 쿠바를 즐길 수 있게 되었다.

에피소드 2

저희는 어젯밤 늦게 아바나에 도착했는데, 트립닷컴으로 예약해 둔 호텔에서 예약 확인이 안 된다며 돈을 또 내라고 해서 울며 겨자 먹기로 결제를 또 했어요. 그리고 오늘 이동하는 호텔에도 가서 확인해보니 역시나 예약이 안 되었다고 해요. 혹시 트립닷컴으로 예약하신

분 중에 쿠바에서 이런 일 겪어보신 분 계시나요? 몹시 당황스럽네요. 트립닷컴과 호텔 양쪽에 모두 돈을 지불했는데, 나중에 환불을 안 해주면 어쩌죠?

단톡방에서 이 메시지를 보자마자 나는 바로 답장을 보냈다.

'이런, 얼마나 놀라셨어요? 지금 어느 호텔이세요?'

'지금 저희는 xx 호텔 로비에 있습니다.'

'제가 지금 그쪽으로 갈 테니 30분만 기다려주세요. 금방 갈게요.'

'네, 감사합니다.'

얼른 나갈 준비를 하고는 소지품을 챙겨 합승 택시를 탔다. 금세 도착해서 알려준 호텔 로비로 가니 어려 보이는 한 커플이 로비 소파에 조용히 앉아 있었다. 그들은 신혼여행으로 아바나에 왔다고 했다. 신혼여행을 와서 이런 난리를 겪다니! 그들 옆에 앉아서 딱한 사정을 듣고는 함께 프런트 데스크로 가서 직원에게 내용을 설명한 후 어떤 식으로 결제가 되었는지 확인해보았다.

알고 보니 간밤에 호텔 컴퓨터 시스템의 다운으로 트립닷컴에서 결제가 된 것을 그들이 확인할 수가 없어서 다시 결제하라고 했던 것이었다. 아침이 되어 시스템이 작동하자 트립닷컴에 결제가 된 것을 확인하고는 호텔에서 이중 결제를 한 것은 취소했다며 증거물들을 하나씩 보여주었다. 이 호텔 직원들이 영어를 잘 못해서 의사소통에 문제가 있어 내용 전달이 제대로 안 된 것이었다.

신혼부부에게 상황을 설명해 주었고, 그들은 안도의 한숨을 쉬며 미소를 지었다. 이로써 첫 번째 문제는 일단락 지었다.

그 길로 우리는 그들이 그날 숙박을 할 두 번째 호텔로 향했다. 첫 번째 호텔에서 이중 결제를 한 후 몹시 걱정되었던 그들은 혹시나 하는 마음에 아침에 일어나자마자 두 번째 호텔에 가서 예약 확인을 해 보았다고 했다. 그런데 그곳에서도 예약이 안 되어있다고 하는 바람에 이 착한 커플은 그야말로 멘붕이 온 것이었다.

호텔에 도착했더니 컨시어지 매니저로 일하는 쿠바 친구 '김'이 마침 일하고 있었다. 그 친구는 쿠바 한인의 후손으로 이북식 한국말 구사를 곧잘 한다. 반갑게 인사하며 신혼부부에게 김을 소개했더니 김이 한국말로 반갑다고 인사를 했다. 신혼부부도 한국말을 하는 쿠바인을 만나니 반가워 긴장이 좀 풀린 듯했다. 일단 해결해야 할 문제가 있어 김에게 잠시만 기다리라고 하고는 프런트 데스크로 갔다. 담당자에게 예약 확인을 했더니 아무렇지도 않게 예약이 되어있다고 말하는 것이었다. 엥, 이건 뭐지?

"예약이 되어있다고 하는데요?"

"아까는 예약된 게 없다더니 누나(언니)가 오시니 모든 게 너무 쉽게 해결이 되었어요."

그들은 어이가 없어 웃으면서도 몹시 고마워했다. 그들에게 쏼라 쏼라 말하며 멋지게 해결해주는 모습을 보여주고 싶었는데, 너무 쉽게 해결이 되어 살짝 민망했다.

아무렴 어때, 해결이 되었음 잘 된 거지! 라고 생각하며 이제부터 뭐 할 건지 그들에게 물어보았다. 그들은 첫 번째 호텔에 가서 체크 아웃을 하고 두 번째 호텔에 와서 체크인 후 아바나 시내를 구경하고 싶다고 했다. "좋은 생각이에요!" 하고는 그들을 좀 더 도와주기로 했다.

첫 번째 호텔에 함께 가서 체크 아웃 하는 것을 지켜본 다음(마무리가 잘 되는지 확인), 두 번째 호텔에 가서 가방을 맡겨두고는 함께 걸었다(쿠바의 호텔 체크인은 보통 오후 4시다). 새벽에 도착한 후 호텔에서 발생한 문제들로 정신이 없어서 아직 아무 데도 가보지 못한 그들은 올드 아바나를 보고 싶어 했다. 그동안 공부한 게 있었던지라 내가 가이드를 자처하고는 올드 아바나 주요 장소들을 걸어가며 설명을 해주기 시작했다.

두 시간쯤 걸린 것 같았다. 나보다 한참 어린 이십 대인 커플이 너무 착하고 예쁘기도 했고, 한 번뿐인 신혼여행이라 쿠바에서 좋은 추억을 많이 만들고 갔으면 하는 마음이었다. 가이드까지 하고 다시 그들을 호텔에 데려다주었다. 시간이 늦어 배가 고플 그들을 위해 호텔 근처에 있는 맛난 레스토랑을 추천해주었다. 덤으로 아바나 맛집 몇 군데를 지도를 보면서 알려주기도 했다.

그들은 정말 고맙다며 라면 몇 개가 든 작은 쇼핑백을 건네주었다. 그러면서 내 손에 무언가를 쥐어주었다. 백 달러짜리 지폐였다. 나는 순간 너무 당황해서 이러지 말라며 다시 건네주었다.

"언니, 저희 정말 언니 아니었음 쿠바 신혼여행 망할 뻔했어요. 그런데 언니 만나서 문제도 다 해결되었고, 가이드까지 해 주셔서 너무너무 감사해요. 큰돈은 아니지만 이렇게까지 안 하면 저희 마음이 너무 불편할 것 같아서요."

그 마음이 너무 예쁘고 고마워서 결국 돈을 받았다. 전혀 예상치 못했던 일이라 나는 한참을 놀란 상태로 있었다.

그전에도 쿠바에 여행 오신 분들을 도와주고 있었지만, 내가 좋아서 하는 일이라 돈을 받는 건 상상해 본 적이 없었다. 민망함과 고마움을 뒤로하고 그들과 헤어지기 전에 건너편에 새로 생긴 호텔 루프탑에서(선셋이 끝내주는 곳이다) 저녁에 다시 만나 한 잔 하기로 약속하고 헤어졌다. 말레꼰을 따라 쭈욱 걸어서 집으로 돌아오는데, 그제야 발이 몹시 아픈 걸 알게 되었다. 잠시 도와주고 돌아올 거란 생각에 운동화를 안 신고 굽 높은 샌들을 신고 나갔는데, 거의 반나절을 함께 돌아다닌 것이었다.

결국 이 커플은 쿠바의 최대 휴양지인 바라데로 호텔도 내가 추천해주는 곳으로 변경했고 마지막 날 아바나에서의 일박도 내가 알고 있는 말레꼰 뷰의 멋진 까사에서(호텔에 비하면 아주 저렴하게) 보내었다. 공항으로 떠나는 택시도 내가 아는 택시 기사에게 연락해서 바가지를 쓰지 않고 편히 갈 수 있었다.

마지막 날 머물렀던 숙소와 우리 집이 5분 거리라 떠나는 날에는 남편도 함께 가서 배웅해 주었다. 그리고 이들과는 SNS 친구가 되어 지금도 서로의 소식을 보면서 무언의 소통을 하고 있다. 역시 내 느낌대로 아주 예쁜 커플이었다.

늘 잘 웃어서 보기에는 무던해 보이는 나는 사람에게 아주 예민한 편이다.

20대 때 나는 내가 누구인지, 내가 왜 이 세상에 오게 되었는지를 찾겠다고 여기저기 다니며 에너지 공부를 하고 수련을 했던 탓인지 아직도 내 옆에 탁한 에너지를 가진 사람이 있으면 그 사람이 괜히 싫고 짜증이 나기도 한다. 하지만 맑고 순수한 에너지를 가진 사람과 함께 있으면 기분이 좋아져서 안 해도 되는 일까지도 서슴지 않으며, 이것저것 다 퍼주는 막가파이다. 어찌 보면 나는 머리보다는 가슴에서 하는 이야기를 더 많이 듣고 행동하는 사람일 수 있다 (결혼이 그 대표적인 예이다).

매일 하늘만 봐도 설레는 낭만적인 쿠바지만, 현실은 힘든 것투성이라 이곳에 여행을 오시는 분들은 종종 곤란을 겪기도 한다. 대부분 내가 경험한 일이라 그런 일이 단톡방에 올라와서 보게 되면 월드클래스 오지랖 때문에 최대한 도와주려고 노력한다. 내가 겪은 것들을 다른 이들은 덜 겪길 바라는 마음과 내가 살고 있는 쿠바라는 나라에서 최대한 좋은 추억을 많이 가져갔으면 하는 마음에서다. 그들의 추억에 나도 약간은 일조를 하고 싶은 마음도 있는 듯하다.

결혼 전 20여 년을 혼자 여행하는 동안 나는 한 번도 여행 카페라든가 단체 카톡방(단톡방)에 가입해 본 적이 없어서 이런 게 있는지도 몰랐는데, 쿠바에 살면서 이런 게 있다는 걸 알게 되었고, 직접 확인해보니 정보가 쏠쏠했다. 나도 그곳에서 도움을 받고 있었기 때문에, 내가 할 수 있는 방법으로 도움을 나눠 준 것이었다. 그러고 보니 코로나19로 쿠바가 봉쇄되기 전 한 해 동안 인연을 맺게 된 분들이 꽤 되는 것 같다. 미약하지만 나의 도움으로 그들이 기뻐하고 고마워하는 모습을 보면서 나는 무한한 존재감과 행복을 느꼈다.

　이십 대 때 존재의 이유를 찾으러 다니다가 처음으로 깨달음이라는 것을 얻었을 때, 그때 알았다. 남을 이롭게 함으로써 내가 이로워진다는 참된 진리를. 그리고 그랬을 때 나는 더 큰 에너지를 얻고, 내가 살아가는 데 더 많은 힘이 된다는 것을.

　나의 사랑, 나의 진실, 타인에 대한 배려와 사랑, 그리고 봉사가 쿠바에서 절정의 꽃이 되었다. 지금까지 감사한 마음으로 살았고, 앞으로도 감사한 마음으로 노력해야 한다는 것은 타인을 통해 알게 된 순금과 같은 것이었다. 나는 쿠바에서 사랑을 만났고, 쿠바에서 인생을 다시 배우고 있다. 누구를 위한 것이 결국 자신을 위한 것임을 철저히 배워가고 있다.

　그리고 이 모든 것들은 카리브해의 파도처럼 늘 푸르게 철썩일 것이다.

어쩌다 쿠바

초판1쇄 2022년 2월 22일 **초판2쇄** 2022년 5월 31일 **지은이** 쿠바댁 린다 **펴낸이** 한효정 **편집교정** 김정민 **기획** 박자연, 강문희 **디자인** purple **마케팅** 안수경 **펴낸곳** 도서출판 푸른향기 **출판등록** 2004년 9월 16일 제 320– 2004–54호 **주소** 서울 영등포구 선유로 43가길 24 104–1002 (07210) **이메일** prunbook@naver.com **전화번호** 02–2671–5663 **팩스** 02–2671–5662

홈페이지 prunbook.com | facebook.com/prunbook | instagram.com/prunbook

ISBN 978–89–6782–156–2 03950
ⓒ 쿠바댁 린다, 2022, Printed in Korea

값 16,000원

이 도서의 국립중앙도서관 출판예정도서목록(CIP)은 서지정보유통지원시스템 홈페이지(http://seoji.nl.go.kr)와 국가자료공동목록시스템(http://www.nl.go.kr/kolisnet)에서 이용하실 수 있습니다.

uba by chance

uba by chanc